Probudi se, Izraele

„Sunce će se pretvoriti u tamu
i mesec u krv
pre nego dođe veliki i strašni
dan GOSPODNJI.
I svaki
koji prizove ime GOSPODNJE
spašće se;
jer će na gori Sionu i u Jerusalimu
biti spasenje,
kao što je rekao GOSPOD,
i u ostatku koji pozove GOSPOD.“

(Joilo 2:31-32)

Probudi se, Izraele

Dr. Džerok Li (Jaerock Lee)

Probudi se, Izraele od Dr. Džeroka Lija
Objavile Urim knjige (Predstavnik: Seongnam Vin)
361-66, Šindebang Dongu, Dongjak-Gu, Seul, Koreja
www.urimbooks.com

ISBN: 979-11-263-0609-1 03230

Prethodno objavila na korejskom jeziku Urim knjige u 2007.g.

Prvo izdanje, februar 2020.g.

Uredila dr. Geumsun Vin
Dizajnirao urednički biro Urim Books
Štampa Yewon Printing Company
Za više informacija kontaktirati na urimbook@hotmail.com

Uvod

S početkom 20. veka, veliki niz događaja je zauzeo mesto u opustošenoj Palestini u kojoj niko nije imao želju da živi u to vreme. Jevreji koji su bili rasuti širom istočne Evrope, Rusije i ostatka sveta počeli su masovno da odlaze u zemlje pune korova, siromaštva, gladi, bolesti i mučeništva.

Uprkos visokoj stopi smrtnosti zbog malarije i gladi, Jevreji nisu pali u iskušenje da izgube visoki stepen vere i ambicije već su počeli da grade kibuce (mesta za rad u Izraelu, na primer farme ili fabrike, gde su radnici živeli zajedno i delili sve poslove i zarade). Baš kao što je Teodor Hercl (Theodor Herzl), osnivač modernog cionizma navodio: „Ako to želite, to nije onda san," obnavljanje Izraela postala je stvarnost.

Doduše, obnavljanje Izraela se činilo nemogućim snom da bi bio postignut i niko nije bio voljan da veruje u to. Jevreji su ipak, ispunili ovaj san i sa stvaranjem države Izrael oni su čudesno po prvi put povratili svoju sopstvenu naciju u otprilike 1900. godina.

Ljudi Izraela, uprkos vekovima dugim proganjanjima i mučenjima dok su bili rasuti u zemljama koje nisu bile njihove, održavali su čvrsto svoju veru, kulturu i jezik i konstantno su napredovali u tome. Nakon osnivanja moderne države Izraela, oni su kultivisali neplodna zemljišta i stavljali su akcenat na razvoj različitih industrija koje su dozvoljavale njihovoj naciji da se pridruže mnogim redovima u razvijenim zemljama i prepoznatljivi su ljudi koji su izdržali i napredovali uprkos izazovima i pretnjama ka njihovom ostanku kao naciji.

Nakon otvaranja Manmin centralne crkve 1982.god., Bog mi je pokazao kroz inspiraciju Svetog Duha mnogo o Izraelu jer nezavisnost Izraela je znak u poslednjim danima i ispunjenje proročanstva u Bibliji.

Čujte, narodi, reč GOSPODNJU, i javljajte po dalekim ostrvima i recite: „Koji raseja Izrailja, skupiće ga, i čuvaće ga kao pastir stado svoje“ (Jeremija 31:10).

Bog je izabrao ljude Izraela kako bi otkrio Njegovo proviđenje sa kojim je On stvarao i kultivisao čoveka. Najpre, Bog je stvorio Avrama „oca vere," on je ustanovio Jakova, unuka Avramovog, kao pronalazača Izraela i Bog je objavio Njegovu volju Jakovljevim naslednicima i ispunio je proviđenje u kultivaciji čovečanstva.

Kada je Izrael verovao u Božju reč i kada je poslušno hodao u skladu sa Njegovom voljom, uživao je u velikoj slavi i poštovanju nad svim nacijama. Međutim, kada se sam udaljio od Boga i nije Njemu bio pokoran, Izrael je bio predmet različitih mučenja, uključujući strane invazije i da je njegov narod bio prisiljen da živi u svim krajevima sveta.

Čak i kada se Izrael suočio sa poteškoćama zbog sopstvenih grehova, ipak, Bog se nije čak ni odrekao niti ih je zaboravio. Izrael je uvek bio vezan za Boga zbog Njegovih zaveta sa Avramom i Bog nikada nije prestajao da radi za njih.

Pod Božjom neverovatnom brigom i vođstvom, Izrael kao narod je uvek bio čuvan, dostigao je nezavisnost i ponovo je bila nacija nad svim nacijama. Kako se narod Izraela očuvao i zašto je

Izrael obnovljen?

Mnogi ljudi govore: „Opstanak jevrejskog naroda je čudo." Kao vrsta i obim progona i ugnjetavanja jevrejskog naroda koji je izdržao za vreme Dijaspore i premašio bilo kakav opis ili zamisao, istorija Izraela sama potvrđuje istinitost Biblije.

Ipak, čak i veći stepen stresa i bola od onog sa kojima su se Jevreji suočili će se desiti nakon Drugog dolaska Isusa Hrista. Naravno, ljudi koji su prihvatili Isusa kao njihovog Spasitelja biće uzdignuti gore u vazduhu i prisustvovaće Svadbenom banketu sa Gospodom. Oni koji nisu prihvatili Isusa kao njihovog Spasitelja, međutim, neće biti uzdignuti u vazduhu za vreme Njegovog povratka i patiće u Velikom stradanju sedam godina.

> *„Jer, gle, ide dan, koji gori kao peć, i svi će ponositi i svi koji rade bezbožno biti strnjika, i upaliće ih dan koji ide, veli GOSPOD nad vojskama, i neće im ostaviti ni korena ni grane"* (Malahija 4:1).

Bog mi je već otkrio do detalja nesreće koje će se otkriti za vreme Sedmogodišnjeg velikog stradanja. Iz tog razloga, moja je iskrena želja za ljude Izraela koje je Bog odabrao da prihvate, bez daljeg odlaganja Isusa, koji je hodao na zemlji pre nekih dve hiljada godina, kao njihovog Spasitelja kako niko od njih nebi ostao pozadi da pati u Velikom stradanju.

Uz milost Božju, ja sam napisao delo koje daje odgovore Jevrejima milenijumima dugo žednima za Mesijom i godinama dugačkim pitanjima koja stalno rastu.

Neka svaki čitalac ove knjige uzme k srcu Božje očajničke poruke ljubavi i dođe da sretne bez ikakvog odlaganja Mesiju koga je Bog poslao za celo čovečanstvo!

Ja volim svakog od vas ponaosob svim svojim srcem.

Novembar 2007.god.

U Getsenam (Gethsemane) molitvenoj kući

Džerok Li

Predgovor

Ja dajem svu zahvalnost i slavu Bogu koji nas je vodio i nas blagoslovio da objavimo *Probudi se, Izraele!* u poslednjim danima. Ovo delo je objavljeno u skladu sa voljom Božjom koji teži da probudi i spasi Izrael, i organizovano je sa nemerljivom ljubavi Božjom koji ne želi da izgubi ni jednu poslednju dušu.

Poglavlje 1 „Izrael: Božji odabir," istražuje razloge za Božje stvaranje i kultivaciju celog čovečanstva na zemlji i Njegovo proviđenje sa kojim je On birao i vladao nad ljudima Izraela i Njegov odabir u istoriji čovečanstva. Poglavlje takođe predstavlja Izraelske velike pra očeve a takođe i našeg Gospoda, koji je došao na ovaj svet u skladu sa proroštvom koje je predskazalo dolazak Spasitelja svih ljudi od kuće Davidove.

Ispitivanjem Biblijskog proročanstva o Mesiji, Poglavlje 2: „Mesija poslat od Boga," svedoči o Isusu koji je Mesija čiji dolazak Izraelci nestrpljivo čekaju i kako, u skladu sa zakonom o otkupljivanju zemljišta, On zadovoljava sve kvalifikacije kao Spasitelj čovečanstva. Šta više, drugo Poglavlje istražuje kako su proročanstva Starog Zaveta o Mesiji ispunjena kroz Isusa i odnos između istorije Izraela i Isusove smrti.

Treće Poglavlje: „Bog u koga Izraelci veruju," ima bliži pogled na ljude Izraela koji se strogo povinuju zakonima i njegovoj tradiciji, i objašnjava im sa čime je Bog zadovoljan. U nastavku, podsećajući ih da su sebe udaljili od volje Božje zbog tradicije koju su uzrokovale starešine, Poglavlje ih opominje da zamisle iskrenu volju Božju zato što im daje zakon na prvom mestu i da ispunjavaju zakon sa ljubavlju.

Ispitivanje u poslednjem Poglavlju: „Gledaj i slušaj!" je naše vreme, koje je Biblija prorokovala kao „kraj vremena," takođe i pojavljivanje antihrista i pregled na Sedmogodišnje veliko stradanje. Šta više, svedočeći na dve tajne Božje, koje su bile pripremljene u Njegovoj beskrajnoj ljubavi zbog Njegovog odabira kako bi ljudi Izraela mogli dostići spasenje u poslednjim momentima kultivacije čovečanstva, poslednje Poglavlje preklinje ljude Izraela da ne ispuste poslednju priliku u spasenju.

Kada je prvi čovek Adam počinio greh u nepokornosti i bio izbačen iz Edenskog Vrta, Bog mu je dao da živi na zemlji Izraela. Od tog vremena, kroz istoriju kultivacije čovečanstva, Bog je čekao za milenijumom i dalje čeka u nadi da će okupiti iskrenu decu.

Nema više vremena za gubljenje ili trošenje. Da svako od vas razume da je naše vreme poslednji dani i da se pripremi da prihvati Gospoda koji će se vratiti kao kralj kraljeva i Gospod gospoda, u Njegovo iskreno ime ja se molim.

Novembar 2007.god.

Geum-sun Vin,

urednik

Sadržaj

Uvod
Predgovor

Poglavlje 1
Izrael: Božji odabir

Početak kultivacije ljudskog čovečanstva _ 3
Veliki preci _ 17
Ljudi koji svedoče o Isusu Hristu _ 35

Poglavlje 2
Mesija poslat od Boga

Bog obećava Mesiji _ 55
Kvalifikacije Mesije _ 61
Isus ispunjava proročanstvo _ 75
Smrt Isusa i proročanstva o Izraelu _ 83

Poglavlje 3

Bog u koga Izraelci veruju

Zakon i tradicija _ 91
Božja iskrena namera u davanju Zakona _ 101

Poglavlje 4

Gledaj i slušaj!

Pred kraj svetskog vremena _ 121
Deset prstiju _ 137
Neiscrpna ljubav Božja _ 148

„Davidova zvezda“ simbol jevrejske zajednice, na zastavi Izraela

Poglavlje 1

Izrael: Božji odabir

Početak kultivacije ljudskog čovečanstva

Mojsije, Izraelski veliki vođa koji je oslobodio svoj narod od ropstva u Egiptu i poveo ih u obećanu zemlju Kana i služio Bogu kao njegov izaslanik, počeo je Njegovu reč u Knjizi Postanka kao što sledi:

U početku stvori Bog nebo i zemlju (1:1).

Bog je stvorio nebo i zemlju i sve u njoj u šest dana i odmorio se u njoj i blagoslovio je i ispunio sedmi dan. Zašto je onda Bog stvorio i svemir i sve u njemu? Zašto je On stvorio čoveka i dozvolio da mnogi ljudi posle Adama žive na zemlji?

Bog je video one sa kojima zauvek može da razmenjuje ljubav

Pre stvaranja neba i zemlje, Svemogući Bog je postojao u beskonačnom univerzumu kao svetlost u kome je bio ugrađen zvuk. Nakon dugog vremena samoće, Bog je želeo da ima one sa kojima On može da razmeni beskonačnu ljubav.

Bog poseduje ne samo božansku prirodu koja Ga definiše kao Stvoritelja već takođe i ljudsku prirodu sa kojom je On osetio radost, ljutnju, tugu i zadovoljstvo. Tako da je On želeo da daje i da prima ljubav sa drugima. U Bibliji postoji mnogo ukazivanja koja pokazuju božje posedovanje ljudske prirode. On je bio zadovoljan i oduševljen sa pravednim delima Izraelaca (Knjiga Ponovljenih Zakona 10:15; Poslovice 16:7), ali i tugovao je i bio ljut na njih kada su zgrešili (Izlazak 32:10; Brojevi 11:1, 32:13).

Postoje trenuci kada svaki pojedinac želi da bude sam ali on će postati mnogo radosniji i srećniji ako ima prijatelja sa kojim može da podeli svoje srce. Kako Bog poseduje ljudsku prirodu, On želi da ima one sa kojima može da deli Njegovu ljubav, čije srce On može da razume i obrnuto.

„Zar to ne bi bilo radosno i dirljivo imati decu koja mogu da pojme Moje srce i sa kojima ja mogu da dajem i dobijam ljubav u ovom ogromnom a ipak dubokom carstvu?"

U vremenu Njegovog odabira, međutim, Bog je pronašao plan da okupi iskrenu decu koja će ići za Njim. U tom cilju, Bog je stvorio ne samo duhovno kraljevstvo već takođe i fizičko kraljevstvo u kojem čovečanstvo treba da živi.

Neki će možda razmatrati: „Postoje mnogo nebeske vojske i anđela na nebu koji su ništa više nego pokorni. Zašto je Bog prolazio kroz problem stvaranja čoveka?" Izuzev nekoliko anđela, međutim, većina nebeskih bića ne poseduje ljudsku prirodu koji je najznačajniji elemenat koji je potreban u davanju i primanju ljubavi: slobodna volja sa kojom sami biraju. Takva nebeska bića su poput robota; oni se pokoravaju kao što im je zapovedano, ali bez osećaja radosti, ljutnje, tuge ili zadovoljstva, oni nisu u mogućnosti da daju i dobiju ljubav koja proizilazi iz dubine njihovog srca.

Pretpostavimo da postoje dva deteta i jedno od njih, bez da je ikada izrazilo svoje emocije, mišljenje ili ljubav, je pokorno i radi dobro ono što mu se kaže. Drugo dete, čak iako je razočaralo roditelje s vremena na vreme svojevoljno, brzo se pokaje u svojim pogrešnim delima, čvrsto se u ljubavi drži svojih roditelja i izražava svoje srce na različite načine.

Od ovo dvoje, koje vam je draže? Vi ćete najverovatnije izabrati ovo drugo. Čak iako imate robota koji radi sve stvari za vas, ni jedno od vas neće izabrati robota za sopstveno dete. Na isti način, Bog se radije opredeljuje za čoveka koji će se rado povinovati Njemu sa njegovim razlozima i osećanjima, nego za nebesku vojsku i anđele koji su kao roboti.

Božje proviđenje da okupi iskrenu decu

Nakon stvaranja prvog čoveka Adama, Bog je nastavio da stvara Edemski Vrt i dozvolio mu da vlada u njemu. Sve je bilo rodno u Edemskom Vrtu i Adam je vladao nad svim stvarima sa slobodnom voljom i vlašću koju mu je Bog dao. Međutim, postojala je jedna stvar koju je Bog zabranio.

> *Jedi slobodno sa svakog drveta u vrtu; Ali s drveta od znanja dobra i zla, s njega ne jedi; jer u koji dan okusiš s njega, umrećeš* (Postanak 2:16-17).

Ovo je bio sistem koji je Bog učvrstio između Boga Stvoritelja i stvorenog čovečanstva i On je želeo da se Adam Njemu pokori sa slobodnom voljom i iz dubine njegovog srca. Nakon što je mnogo vremena prošlo, međutim, Adam nije uspeo da održi Božju reč i počinio je greh nepokornosti tako što je jeo sa drveta spoznaje dobra i zla.

U Postanku 3 je scena u kojoj zmija otrovnica, koju je pobunio Sotona, pita Evu: „Je li istina da je Bog kazao da ne jedete sa svakog drveta u vrtu?" (stih 1) Eva odgovara: „Kazao je Bog: 'Ne jedite i ne dirajte u nj, da ne umrete'" (stih 2).

Bog je jasno rekao Evi: „Jer u koji dan okusiš s njega, umrećeš" ali ona je promenila Božju zapovest i rekla: „Ti ćeš umreti."

Kada su shvatili da Eva nije uzela Božje zapovesti u srcu, zmija otrovnica je postala još više agresivnija u svojim namerama. „Nećete vi umreti!" rekla je Evi. I dodala je: „Nego zna Bog da će vam se u onaj dan kad okusite s njega otvoriti oči, pa ćete postati kao Bog i znati šta je dobro šta li zlo" (stih 5).

Kada je Sotona pohlepno udahnula kroz ženine misli, drvo spoznaje dobra i zla počelo je drugačije da izgleda u njenim očima. Drvo je izgledalo dobro za jelo i primamljivo za gledanje i drvo je bilo poželjno za nju da postane mudrija. Eva je pojela njene plodove i dala je malo njenom mužu, koji je takođe jeo.

Ovako su Adam i Eva počinili greh u nepokoravanju Božjoj reči i zasigurno su se suočili sa smrću (Postanak 2:17).

Ovde „smrt" se ne odnosi samo na telesnu smrt u kome

disanje prestaje u ljudskom telu već na duhovnu smrt. Nakon što je jeo sa drveta spoznaje dobra i zla, Adam je izrodio decu i umro je u godini 930 (Postanak 5:2-5). Iz samo ovoga mi znamo da se smrt ne odnosi na fizičku smrt.

Čovek je prvobitno stvoren kao spoj duha, duše i tela. On poseduje duh kroz koji on može da komunicira sa Bogom; dušu koja je bila pod kontrolom duha; i telo koje je služilo kao oklop za oba i duh i dušu. Zbog odbacivanja Božje komande i počinjenog greha, duh je umro i njegova komunikacija sa Bogom bila je prekinuta a ovo je „smrt" o kojoj je Bog govorio u Postanku 2:17.

Nakon njihovog greha, Adam i Eva su bili izbačeni iz prelepog i plodnog Edemskog vrta. Tako je počelo mučenje za celo čovečanstvo. S mukama ćeš decu rađati, i volja će tvoja stajati pod vlašću muža tvog, zemlja da je prokleta s tebe, s mukom ćeš se od nje hraniti do svog veka (Postanak 3:16-17).

U ovom Postanku 3:23 nam se govori: *„Zbog toga ga GOSPOD Bog izagna iz vrta Edemskog da radi zemlju, od koje bi uzet."* Ovde „kultivisanje tla" se ne odnosi samo na ljudski rad da bi jeo od zemlje već na činjenicu da je on on – formiran od prašine sa zemlje – takođe je bilo i da „kultiviše i svoje srce" dok živi na zemlji.

Kultivisanje čovečanstva počinje Adamovim grehom

Adam je bio stvoren kao ljudsko biće i nije imao zlo u

njegovom srcu, tako da nije morao da kultiviše njegovo srce. Nakon njegovog greha, međutim, Adamovo srce bilo je ukaljano i onda je morao da kultiviše njegovo srce u čisto srce kao što je bilo ranije pre grehova.

Prema tome, Adam je morao da kultiviše njegovo srce koje je postalo potpkupljeno neistinom i grehovima u čisto srce i da napreduje kao Božje dete nakon što je grešio. Kada Biblija govori: „Bog ga je izbacio iz Edemskog vrta, da bi kultivisao zemlju sa koje je bio uzet," to znači ovo i odnosi se na nas kao: „Božja kultivacija čovečanstva."

Obično, „kultivacija" se odnosi na proceduru u kojoj seljak seje seme, vodi računa o svojim usevima i bere plodove. Da bi „kultivisali" čovečanstvo na zemlji i da bi brali plodove to znači „iskrena Božja deca," Bog je posejao prvo seme, Adama i Evu. Kroz Adama i Evu koji se nisu povinovali Bogu, brojna deca su rođena i kroz Božju kultivaciju čovečanstva, brojna deca su se rodila opet kao Božja deca kultivisanjem njihovih srca i sa povratkom izgubljenog lika Božjeg.

Prema tome, „Božja kultivacija čovečanstva" se odnosi na celokupni proces u kome je Bog zadužen i vlada kroz istoriju čovečanstva, od njihovog stvaranja do Suda, kako bi okupio Njegovu iskrenu decu.

Baš kao što seljak prevazilazi poplave, sušu, mrazeve, grad i štetočine, Bog kontroliše sve da bi okupio iskrenu decu koja ce se uzdići posle iskušene smrti, bolesti, opraštanja i drugih tipova patnje za vreme njihovih života na zemlji.

Razlog zašto je Bog postavio drvo spoznaje dobra i zla u Edemskom Vrtu

Neki ljudi pitaju: „Zašto je Bog stavio Drvo spoznaje dobra i zla kroz koje je čovek zgrešio i bivao odveden do uništenja?“ Razlog zbog koga je Bog postavio Drvo spoznaje dobra i zla, međutim, je zbog Božjeg predivnog proviđenja sa kojim će On povesti mnogo ljudi da bi bili svesni „relativnosti.“

Mnogi ljudi pretpostavljaju da su Adam i Eva bili ništa drugo osim srećni što su živeli u Edemskom vrtu gde nije bilo suza, pohlepe, bolesti ili mučenja u Vrtu. Ali Adam i Eva nisu znali za iskrenu sreću i ljubav zato što nisu imali predstavu o relativnosti u Edemskom vrtu.

Na primer, kako bi dvoje dece reagovalo da su dobili istu igračku ako je jedno dete rođeno i odgajano u porodici bogatih roditelja a drugo u porodici koja je u nevolji? Drugo dete će biti mnogo zahvalnije i srećnije iz dubine njegovog srca nego dete koje živi sa bogatom pozadinom.

Ako vi razumete iskrenu vrednost nečega, vi ćete znati i iskusićete potpunu suprotnost toga. Samo ako ste patili od bolesti, vi ćete moći da budete zahvalni na iskrenoj vrednosti dobrog zdravlja. Samo kada ste svesni smrti i pakla, vi ćete moći da poštujete vrednost večnog života i zahvaljivaćete Bogu ljubavi iz vašeg srca što vam je dao večno nebo.

U plodnom Edemskom vrtu, prvi čovek Adam je uživao u svemu što mu je Bog dao, čak i vlast da vlada nad svaki drugim bićem. Međutim, kako to nisu bili plodovi od njegove muke i znoja, Adam nije mogao da ceni njihovu važnost ili da ceni Boga zbog toga. Samo nakon što je Adam bio izbačen na ovu zemlju i kada je osetio suze, tugu, bolesti, mučenje, siromaštvo i smrt on je počeo da razume razliku između radosti i pohlepe i koliko je vredna sloboda i napredak koju mu je Bog dao u Edemskom vrtu.

Koje dobro će nam večni život doneti ako mi ne spoznamo radost ili tugu? Čak iako se suočimo sa poteškoćama neko kratko vreme, ako mi kasnije možemo da razumemo i kažemo: „Ovo je radost!" naši životi će postati vredni truda i blagosloveni.

Zar ne postoje roditelji koji neće poslati svoju decu u školu već će im dozvoliti da ostanu kod kuće jednostavno zato što znaju da je učenje teško? Ako roditelji iskreno vole svoju decu, oni će poslati svoju decu u školu i vodiće ih da uče revnosno u teškim uslovima i da iskuse različite stvari kako bi izgradili bolju budućnost.

Srce Boga, koji je stvorio čovečanstvo i koji ih je kultivisao, je potpuno isto. Iz tog razloga, Bog je smestio drvo spoznaje dobra i zla, nije sprečio Adama da jede sa drveta u njegovoj slobodnoj volji, i dozvolio mu je da iskusi radost, ljutnju, tugu i zadovoljstvo za vreme toka kultivacije čovečanstva. To je zato što čovek može da voli i da služi Bogu, koji je Sam ljubav i istina, iz dubine njegovog srca nakon što je iskusio relativnost i i napredovao u iskrenoj ljubavi, radosti i zahvalnosti.

Kroz proces ljudske kultivacije, Bog je želeo da okupi iskrenu decu koja mogu da spoznaju Njegovo srce i preduzmu nešto povodom toga i da žive sa njima na nebu deleći iskrenu ljubav zauvek sa njima.

Kultivisanje čovečanstva počinje u Izraelu

Kada je prvi čovek Adam bio izbačen iz Edemskog vrta nakon što se nije pokorio Božjoj reči, njemu nije bilo dato pravo da bira zemlju gde će se smestiti već je umesto toga Bog odabrao oblast za njega. Ta oblast bila je Izrael.

U ovome je bila učvršćena Božja volja i proviđenje. Nakon sakrivenih velikih planova o kultivaciji čovečanstva, Bog je odabrao ljude Izraela kao model za kultivaciju čovečanstva. Iz tog razloga Bog je izričito dozvolio Adamu da živi novim životom u zemlji u kojoj će se nacija Izraela izgraditi.

Kako je vreme prolazilo, brojne nacije poticale su od Adamovog pokolenja i nacija Izraela bila je izgrađena u vremenu Jakoba, Avramovog potomka. Bog je želeo da oživi Njegovu slavu i Njegovo proviđenje u kultivaciji čovečanstva kroz istoriju Izraela. To nije bilo samo za Izraelce već za ljude širom celog sveta. Dakle, istorija Izraela za koju je Bog bio zadužen nije samo istorija ljudi već predivna poruka za celo čovečanstvo.

Zašto je onda Bog izabrao Izrael kao model za kultivaciju

čovečanstva? To je bilo zbog njihovog glavnog karaktera, drugim rečima, njihovog odličnog unutrašnjeg bića.

Izrael je potomak „oca vere" Avrama kojim je Bog bio zadovoljan i takođe potomak Jakova koji je toliko bio uporan da je težio sa Bogom i preovladavao. Zbog ovoga, čak i nakon što su izgubili svoju rodnu zemlju i vekovima živeli životom prosjaka, ljudi Izraela nisu izgubili svoj identitet.

Iznad svega, ljudi Izraela su čuvali hiljadama godina, Božju reč koja je bila prorokovana kroz čoveka i živeli su po njoj. Naravno, postojalo je vreme u kome je cela nacija udaljila sebe od Božje reči i grešila protiv Njega ali na kraju njeni ljudi su se pokajali i vratili su se Bogu. Oni nikada nisu izgubili svoju veru u njihovog GOSPODA Boga.

Obnova nezavisnog Izraela u 20. veku jasno pokazuje vrstu srca njenih ljudi koje su imali Jakovljevi potomci.

Jezekilj 38:8 nam govori: „*Posle mnogo dana bićeš pozvan, i u poslednjim godinama doći ćeš u zemlju koja je izbavljena od mača i čiji stanovnici behu sabrani iz mnogih naroda, u planine Izraelske, koje behu jednako puste, a oni će izvedeni iz naroda svi živeti bez straha.*" Ovde „kasnije godine" se odnose na kraj vremena kada kultivacija čovečanstva dolazi do svog kraja a „planine Izraela" označavaju grad Jerusalim, koji se nalazi na 760 m (2494 fita) iznad nivoa mora.

Zbog toga, kada prorok Jezekilj govori da će: „stanovnici behu sabrani iz mnogih naroda, u planine Izraelske" to znači da će se Izraelci okupiti širom sveta i obnoviće državu Izrael. Prema ovoj reči Božjoj, Izrael, koji je bio uništen od strane Rimljana

70. godine Leta Gospodnjeg, proglasio je svoju državnost 14. maja 1948. Zemlja je bila ništa više od „neprestanog gubljenja" ali danas, Izrael gradi jaku naciju koju niko ne može tek tako da nadzire ili izazove.

Namera zašto je Bog izabrao Izraelce

Zašto je Bog počeo kultivaciju čovečanstva u zemlji Izrael? Zašto je Bog izabrao ljude Izraela i vladao istorijom Izraela?

Prvo, Bog je želeo da proglasi svim nacijama kroz istoriju Izraela da je On Stvoritelj neba i zemlje, da je On sam pravi Bog i da je On živ. Kroz studije istorije Izraela, čak su i nejevreji lako mogli da osete prisustvo Boga, da razumeju Njegovo proviđenje da vlada u istoriji čovečanstva.

> *I videće svi narodi na zemlji da se ime GOSPODNJE priziva na tebe, i bojaće se tebe* (Ponovljeni Zakon 28:10).

> *Blago tebi narode Izrailju! Ko je kao ti, narod kog je sačuvao GOSPOD, štit pomoći tvoje, i mač slave tvoje! Neprijatelji će se tvoji poniziti, a ti ćeš gaziti visine njihove* (Ponovljeni Zakon 33:29).

Božjim odabirom, Izrael je uživao u velikoj privilegiji mi lako možemo da naiđemo na nju u istoriji Izraela.

Na primer, kada je Rahava primila dva čoveka, Isus je poslao da uhode zemlju Kana, ona im je rekla: *„Jer čusmo kako je Gospod osušio pred vama Crveno more kad izađoste iz Misira, i šta ste učinili od dva cara amorejska koji behu preko Jordana, od Siona i Oga, koje pobiste. I kad to čusmo, rastopi se srce naše, i ni u kome već nema junaštva od straha od vas, jer je Gospod, Bog vaš, Bog gore na nebu i dole na zemlji"* (Isus Navin 2:9-11).

Za vreme Izraelskog zatočeništva u Vavilonu, Danijel je hodao sa Bogom i Navuhodonosarski car Vavilona osetio je Boga sa kojim je Danijel hodao. Nakon što je car iskusio Boga on je mogao samo da: *„hvalim, uzvišujem i slavim Cara nebeskog, čija su sva dela istina i čiji su putevi pravedni i koji može oboriti one koji hode ponosito"* (Danijel 4:37).

Ista stvar se dogodila i kada je Izrael bio pod vladavinom Persije. Nakon što je videla živog Boga kako radi i odgovara na molitve kraljice Jestire: *„mnogi iz naroda zemaljskih postajahu Judejci, jer ih popade strah od Jevreja"* (Jestira 8:17).

Prema tome, kada su čak i nejevreji iskusili živog Boga koji je činio za Izraelce, oni su počeli da se plaše i da služe Bogu. A čak iako kao potomci dolazimo do saznanja o veličanstvenom Bogu mi služimo Njemu zbog ovakvih događaja i slučajeva.

Drugo, Bog je odabrao Izraelce i vodio je ljude zato što je On želeo da celo čovečanstvo razume kroz istoriju Izrael i razlog zašto je stvorio ljude i zašto ih je kultivisao.

Bog je kultivisao čovečanstvo zato što On teži da okupi iskrenu decu. Iskreno Božje dete je ono koje ide za Bogom koji je dobrota i ljubav u suštini i koji je pravednost i svetinja. To je zato što takva deca Božja vole Njega i žive po Njegovoj volji.

Kada je Izrael živeo po Njegovim zapovestima i služio Njemu, On je postavio Izraelce nad svim ljudima i nacijama. Suprotno tome, kada su ljudi Izraela služili idolima i brzo su zaboravili Božje zapovesti, oni su bili predmet svih vrsta mučenja i takve nesreće kao što je rat, prirodne bolesti ili čak zarobljeništvo.

Kroz svaki korak procesa, Izraelci su naučili da pokore sebe ispred Boga i svaki put kada su sebe pokorili, Bog ih je obnavljao sa neiscrpnom milosti i ljubavi i priveo ih je u zagrljaj Njegove slave.

Kada je kralj Solomon voleo Boga i održavao Njegove zapovesti, on je uživao u velikoj slavi i raskoši ali kada je kralj počeo da udaljava sebe od Boga i služi idolima, slava i raskoš su počele da nestaju. Kada su kraljevi Izraela kao što su David, Josafat i Jezekija hodali po zakonu Božjem, zemlja je bila moćna i uspešna, ali bila je slaba i predmet stranim invazijama za vreme vladavine kraljeva koji su se klonili Božjih puteva.

Istorija Izraela jasno otkriva Božju volju na ovaj način i služi kao ogledalo koje reflektuje Božju volju svim ljudima i nacijama. Njegova volja objavljuje da kada su ljudi oblikovani u Božjem liku i sličnosti održavaju Njegove zapovesti i postaju posvećeni u skladu sa Njegovom reči, oni će dobiti Božje blagoslove i živeće u Njegovoj koristi.

Izrael je bio izabran da otkrije Božje proviđenje među nacijama i ljudima i dobio je ogromne blagoslove kroz njegovo služenje Njemu kao nacija sveštenika u zaduživanju Božjih reči. Čak i kada je njen narod grešio, Bog je opraštao njihove grehove i obnovio ih je sve dok se nisu pokajali sa pokornim srcem, baš kao što je On obećao njihovim velikim precima.

Iznad svega, najveći blagoslov koji je Bog obećao i izdvojio sa strane Njegove izabranike je divno obećanje slave da će Mesija doći među njih.

Veliki preci

Tokom duge istorije čovečanstva, Bog je zaštitio Izrael u Njegovim krilima i poslao je Božjeg čoveka u suđeno vreme kako ime Izrael ne bi nestalo. Ljudi Božji su bili oni koji su bili ispred kao prikladni plodovi u skladu sa proviđenjem Božje kultivacije čovečanstva i koji poštuju reč Božju sa ljubavi prema Njemu. Bog je postavio temelj nacije Izraela kroz velike pretke Izraela.

Avram, otac vere

Avram je bio označen kao otac vere sa njegovom verom i pokornosti i trebao je da izvede veliku naciju. On je bio rođen nekih četiri hiljada godina ranije u Uru Heldejskom i nakon što je bio pozvan od Boga on je pridobio Božju ljubav i priznanje do mere da je bio nazvan Božjim „prijateljem."

Bog je pozvao Avrama i dao mu je sledeće obećanje:

> *Idi iz zemlje svoje i od roda svog i iz doma oca svog u zemlju koju ću ti ja pokazati; I učiniću od tebe velik narod, i blagosloviću te, i ime tvoje proslaviću, i ti ćeš biti blagoslov* (Postanak 12:1-2).

U to vreme, Avram više mije bio mlad čovek, nije imao naslednike i nije imao ideju gde će da ide; prema tome, to nisu bile male stvari da bi se povinovao. Čak iako on nije znao gde je krenuo, Avram je išao samo napred zato što je verovao samo i u potpunosti Boga koji nikada nije prekršio Njegova obećanja. Prema tome, Avram je hodao sa verom u svemu što je radio i za vreme putovanja u njegovom životu on je dobio sve blagoslove koje mu je Bog obećao.

Avram nije samo pokazivao Bogu samo savršenu pokornost i dela u veri već je uvek težio ka dobroti i miru sa ljudima u njegovoj okolini.

Na primer, kada je Avram napustio Haran u skladu sa Božjom zapovesti, njegov nećak Lok je pošao sa njim. Kada je njihova imovina postala velika, Avram i Lot nisu više mogli da budu zajedno na istoj zemlji. Nedostatak pašnjaka i vode dovelo je do *„sukoba između pastira Avramove stoke i pastira Lotove stoke“* (Postanak 13:7). Čak iako je Avram bio mnogo stariji, on nije tražio ili insistirao u svoju korist. On je dopustio svom nećaku Lotu da bira bolju zemlju. On je rekao Lotu u Postanku 13:9: „Nije li ti otvorena cela zemlja? Odeli se od mene. Ako ćeš ti na levo, ja ću na desno; ako li ćeš ti na desno ja ću na levo.“

I zato što je Avram bio čistog srca, on nije uzeo ni konac ni remen od obuće ni ništa drugo što je tuđe“ (Postanak 14:23). Kada mu je Bog rekao da će Sodoma i Gomora nakvašene grehom biti uništene, Avram, čovek duhovne ljubavi, izjašnjavao se Bogu i dobio je Njegovu reč da neće uništiti Sodomu ako tamo deset pravednih ljudi postoji u gradu.

Dobrota i vera Avrama je bila tako savršena do mere u njegovom pokoravanju Božjoj zapovesti koja je sada tražila od njega da život njegovog jedinog rođenog sina da kao žrtvu paljenicu.

U Postanku 22:2, Bog je zapovedio Avramu: *„Uzmi sada sina svog, jedinca svog milog, Isaka, pa idi u zemlju Moriju, i spali ga na žrtvu tamo na brdu gde ću ti kazati."*

Isak je bio sin rođen Avramu kada je Avram imao sto godina. Pre nego što je Isak rođen, Bog je već rekao Avramu da će onaj koji će doći za njim iz njegovog sopstvenog tela biti njegov naslednik i da će broj njegovih naslednika biti jednaki broju zvezda Da je Avram pratio telesne misli, on ne bi mogao da bude u mogućnosti da se pokori Božjim zapovestima i da podari Isaka kao žrtvu. Ipak, Avram se odmah pokorio bez da je tražio bilo kakve razloge.

Momenat u kome je Avram pružio ruku da ubije Isaka nakon što je napravio oltar, anđeo Božji ga je pozvao i rekao mu: *„Avrame! Avrame! Ne diži ruku svoju na dete, i ne čini mu ništa; jer sada poznah da se bojiš Boga, kad nisi požalio sina svog, jedinca svog, Mene radi"* (Postanak 22:11-12). Koliko je ova scena bila samo blagoslovena i dirljiva?

Kako se on nije oslanjao na njegove telesne misli, nije postojalo konflikta ili uznemirenosti u Avramovom srcu i on je mogao samo da se povinuje Božjim komandama u veri. On je stavio svoje potpuno poverenje u predanosti Boga je koji zasigurno ispunjavao sve što je On obećao, svemogućem Bogu koji oživljava mrtve i Božjoj ljubavi koja želi da da Njegovoj deci samo dobre stvari. Kako je Avramovo srce bilo samo u poslušnosti i pokazivalo je samo dela vere, Bog je prihvatio Avrama kao oca vere.

> *Kad si tako učinio, i nisi požalio sina svog, jedinca svog, zaista ću te blagosloviti i seme tvoje veoma umnožiti, da ga bude kao zvezda na nebu i kao peska na bregu morskom; i nslediće seme tvoje vrata neprijatelja svojih. I blagosloviće se u semenu tvom svi narodi na zemlji, kad si poslušao glas moj* (Postanak 22:16-18).

Kako je Avram posedovao ovu vrstu jačine dobrote i vere da bi udovoljio Bogu, on je bio nazvan „prijateljem" Božjim i bio je smatran ocem vere. Takođe, on je postao otac svih nacija i izvor svih blagoslova baš kao što mu je Bog i obećao kada ga je On prvi pozvao: „*Blagosloviću one koji tebe uzblagosiljaju, i prokleću one koji tebe usproklinju; i u tebi će biti blagoslovena sva plemena na zemlji*" (Postanak 12:3).

Božje proviđenje kroz Jakova, oca Izraela i Josifa sanjalice

Isak je rođen Avramu ocu vere a dva sina, Isav i Jakov su rođena Isaku. Bog je odabrao Jakova, čije je srce bilo moćnije od njegovog brata, dok je bio još u majčinoj utrobi. Jakov će kasnije biti nazvan „Izrael“ i postaće potomak nacije Izraela i otac dvanaest plemena.

Do mere da hoće da kupi pravo stečeno rođenjem svoga brata Isava za supu od sočiva i otimanje blagoslova od svog brata Isava time što će obmanuti svog oca Isaka, Jakov je užasno želeo blagoslov od Boga i duhovne stvari. Jakov je imao promenljive osobine u sebi ali je Bog znao da jednom kada Jakov bude preobraćen da će postati veliki pokretač. Iz tog razloga, Bog je dozvolio dvadeset godina iskušenja Jakovu kako bi on sam bio potpuno slomljen i kako bi postao ponizan.

Kada je Jakov oteo pravo nasledstva starijem bratu Isavu na veoma lukav način, Isav je pokušao da ga ubije i Jakov je morao da pobegne od njega. Nakon svega, Jakov je došao da živi kod njegovog ujaka Labana i bio je pastir ovcama i kozama. On je morao da se brine o ujakovim ovcama i kozama. Tako da je on priznao u Postanku 31:40: *„Danju me ubijaše vrućina a noću mraz; i san mi ne padaše na oči.“*

Bog uzvraća svakome pojedincu u skladu sa onim što on pokazuje. On je video da je Jakov odan; i blagoslovio ga je sa velikim zdravljem. Kada mu je Bog rekao da se vrati u zemlju gde je rođen, Jakov je napustio Labana i dao se na put sa svojom porodicom i stvarima. Nakon dostizanja uz reku Javok, jakob je čuo da je Isav bio na drugoj strani reke sa 400 ljudi.

Jakov nije mogao da se vrati ujaku Labanu zbog njegovog obećanja datom ujaku. Niti je mogao da pređe reku i da ide napred ka Isavu koji je goreo za osvetom. Našavši se u neprilici, Jakov više nije mogao da se osloni na sopstvenu mudrost već je predao sve Bogu u molitvama. Kompletno se oslobađajući od svakog sputavanja od strane svojih misli, Jakov se iskreno udružio sa Bogom u molitvi do tačke u kojoj je iščašio kuk.

Jakov se borio sa Bogom i nadvladao ga, tako da ga je Bog blagoslovio govorivši mu: „*Odsele se nećeš zvati Jakov, nego Izrailj; jer si se junački borio i s Bogom i s ljudima, i odoleo si*" (Postanak 32:28). Tada je Jakov mogao takođe da se pomiri sa njegovim bratom Isavom.

Razlog zbog koga je Bog izabrao Jakova bio je zato što je on bio toliko uporan i istrajan kroz iskušenja, da je mogao da postane dobar brod i da odigra značajnu ulogu u istoriji Izraela.

Jakob je imao dvanaest sinova i dvanaest sinova je postavilo temelj u stvaranju nacije Izraela. Međutim, zato što su oni još uvek bili samo plene, Bog je planirao da ih smesti na granici Egipta, što je bila moćna zemlja, sve dok pokolenja Jakovljeva ne postanu velika nacija.

Ovaj plan je bio iz ljubavi Božje koji je hteo da ih zaštiti od drugih nacija. Osoba kojoj je poveren ovaj značajan zadatak je bio Josif koji je bio Jakovljev jedanaesti sin po redu.

Između njegovih dvanaest sinova, Jakov je bio značajno pristrasan prema Josifu da ga je oblačio u mnogo bojne tunike i tako dalje. Josif je postao meta mržnje i ljubomore od svoje braće i bio je prodat kao rob u Egipat od strane njegove braće sa sedamnaest godina. Ali on se nikada nije žalio niti ih je prezirao.

Josif je bio prodat u kuću Potifera, faraonskog oficira,

kapetana obezbeđenja. Tamo je on radio revnosno i predano i osvojio je naklonost i poverenje Potifera. Zbog toga, Josif je postao nadzornik u Potiferovom domu i bilo mu je povereno sve u domaćinstvu.

Mada, nastao je problem. Josif je bio zgodan po formi i izgledu i gospodareva žena je počela da ga zavodi. Josif je bio pravedan i iskreno se bojao Boga, tako da kada ga je ona zavodila, on joj je smelo odgovorio: *„Kako bih učinio tako grdno zlo i Bogu zgrešio?"* (Postanak 39:9)

Posle svega, na njene nerazumljive optužbe, Josif je bio zatvoren gde su bili zatvoreni i kraljevi zatvorenici. Čak i u zatvoru, Bog je bio sa Josifom i uz Božju korist na njegovoj strani, Josif je bio zadužen za „sve što se događalo" u zatvoru.

Od takvih koraka na putu, Josif je mogao da stekne mudrost sa kojom će kasnije moći da vodi naciju, kultivisaće njegove političke sposobnosti i postaće veliki brod koji će moći da zagrli mnogo ljudi u njegovom srcu.

Nakon tumačenja faraonovih snova i čak nuđenja mudrih rešenja za probleme sa kojim će se faraon i njegovi ljudi susresti, Josif je postao vođa Egipta posle faraona. Prema tome, po Božjim dubokim proviđenjima i kroz ova iskušenja data Josifu, Bog je postavio Josifa na mesto podkralja u 30.godini u jednoj od najmoćnijih nacija u to vreme.

Baš kao što je Josif tumačio faraonove snove, sedam godina gladovanja će pogoditi Bliski Istok uključujući i Egipat i već je pripremio sve za taj događaj, Josif je mogao da izvede sve Egipćane. Josifova braća došla su u Egipat u potrazi za hranom, ponovo ujedinjeni sa svojim bratom i ostatkom porodice i izmešteni u Egipat u kojem su živeli u blagostanju i otvorili su put da bi izrodili naciju Izraela.

Mojsije: Veliki vođa koji je učinio Izlazak stvarnim

Nakon što su se smestili u Egiptu, naslednici Izraela su brojno rasli u blagostanju i uskoro su postali veliki broj dovoljan da oformi sopstvenu naciju.

Kada je novi kralj, koji nije poznavao Josifa, došao do moći, krenuo je da se zaštiti od napredovanja i snage potomaka Izraela. Kralj i sudski zvaničnici počeli su Izraelcima da čine život gorkim u teškim radovima u blatu i opekama i u svim teškim radovima na polju, svi njihovi radovi bili su njima nametnuti (Izlazak 1:13-14).

Međutim: „*ali što ga više mučahu to se više množaše i napredovaše*“ (Izlazak 1:12). Faraon je uskoro onda naredio da se svi Izraelski sinovi ubiju nakon rođenja. Nakon što je čuo vapaj za pomoć od Izraelaca, Bog se setio Svog zaveta sa Avramom, Isakom i Jakovom.

> *I daću tebi i semenu tvom nakon tebe zemlju u kojoj si došljak, svu zemlju hanansku u državu večnu, i biću im Bog* (Postanak 17:8).

> *I daću ti zemlju koju sam dao Avramu i Isaku, i*

nakon tebe semenu tvom daću zemlju ovu (Postanak 35:12).

Kako bi izveo sinove Izraela od njihovog mučenja i kako bi ih odveo u zemlju Kana, Bog je pripremio čoveka koji će da se povinuje zapovestima Njegovim bezuslovno i koji će povesti Njegov narod sa Njegovim srcem.

Taj pojedinac je bio Mojsije. Njegovi roditelji su sakrili Mojsija tri meseca nakon njegovog rođenja, ali kada više nisu mogli da ga kriju, oni su ga stavili u pletenu korpu i koš su stavili između trske na obali reke Nila. Kada je ćerka faraona otkrila dete u toj pletenoj korpi i odlučila da ga zadrži kao njeno, bebina sestra koja je stajala na razdaljini da otkrije šta će se desiti sa bebom preporučila je faraonovoj ćerki Mojsijevu biološku majku kao negovateljicu.

Prema tome, Mojsije je rastao u kraljevskoj palati sa njegovom biološkom majkom, tako da je prirodno rastao učeći o Bogu i Izraelcima, njegovom sopstvenom narodu.

Onda je jednog dana, on video njegovog čoveka Jevreja kako ga bije Egipćanin i u ljutnji on je završio tako što je ubio Egipćanina. Kada se ovo saznalo, Mojsije je pobegao od faraonove blizine i smestio se u zemlju Madijam. On je gonio ovce na pašu četrdeset godina a ovo je proviđenje Božje koji je tražio da pokuša i da trenira Mojsija kao vođu Izlaska.

U vreme Božjeg odabira, On je pozvao Mojsija i naredio mu

je da povede Izraelce van Egipta u zemlju Kana, u zemlju u kojoj teče med i mleko.

Kako je faraon imao očvrslo srce, on nije slušao zapovesti Božje koje su bile iznošene kroz Mojsija. Kao rezultat, Bog je doneo deset Zla nad Egiptom i silom je izveo Izraelce iz zelje Egipta.

Samo nakon patnje zbog smrti svojih prvo rođenih sinova učinilo je da faraon i njegov narod klekne pred Bogom i Izraelci su mogli da budu oslobođeni iz ropstva. Bog Sam je vodio Izraelce na svakom koraku njihovog puta; Bog je razdvojio Crveno more kako bi oni mogli da ga pređu po suvoj zemlji. Kada nisu imali ni malo vode za piće, Bog je dozvolio da voda teče kroz kamen i kada nisu imali hrane za jelo, Bog je poslao manu i prepelice. Bog je izvodio ova čuda i čudesa kroz Mojsija kako bi osigurao preživljavanje miliona Izraelaca u divljini četrdeset godina.

Verni Bog poveo je ljude Izraela u zemlju Kana kroz Isusa Navina, Mojsijevog sledbenika. Bog je pomogao Isusu Navinu i njegovom narodu da pređu reku Jordan Božjim putem i dozvolio im je osvajanje grada Jerihona. I na Njegovim sopstvenim putevima, Bog im je dozvolio da se domognu i da steknu većinu zemlje Kana u kojoj teče med i mleko.

Naravno, osvajanje Kana nije bilo samo Božji blagoslov za Izraelce već je takođe bio ishod Njegovog pravednog suda protiv stanovnika Kana koji su postali korumpirani u grehu i zlobi. Stanovnici zemlje Kana postali su mnogo korumpirani i bili su prisiljeni da budu predmet osude i onda u Njegovoj pravdi Bog je poveo Izraelce da preuzmu zemlju.

Kao što je Bog rekao Avramu: *„A oni će se u četvrtom kolenu vratiti ovamo"* (Postanak 15:16), Avramovi naslednici Jakov i njegovi sinovi napustili su Kanu zbog Egipta, smestili su se tamo, a njihovi potomci su se vratili u zemlju Kana.

David uspostavlja moćan Izrael

Nakon osvajanja zemlje Kana, Bog je vladao nad Izraelom kroz sudije i proroke za vreme perioda sudija i onda, Izrael postaje kraljevina. Vladavinom kralja Davida koji je voleo iznad svega Boga, osnovan je temelj kao nacija.

Za vreme njegove mladosti, David je ubio mnoge Filistijske ratnike sa praćkom i kamenjem a kao znak priznanja za njegovo ratovanje David je postavljen kao čovek rata u vojsci kralja Saula. Kada se David vratio kući nakon što je pobedio Filistijce, mnoge žene su pevale dok su igrale i govorile: „Saul je ubio njegovih hiljadu a David njegovih deset hiljada." I svi Izraelci počeli su da vole Davida. Kralj Saul je planirao da ubije Davida zbog ljubomore.

Uprkos Saulovom upornom traženju, David je imao dve prilike da ubije kralja ali je odbio da ubije kralja koji je bio pomazan od Samog Boga. On je samo činio dobro prema kralju. U jednoj prilici, David se poklonio licem prema zemlji, poklonio se i rekao kralju Saulu: *„Evo, oče moj! Evo vidi skut od plašta svog u mojoj ruci! Odsekoh skut od plašta tvog, a tebe ne* *ubih; poznaj i vidi da nema zla ni nepravde u ruci mojoj, i da ti nisam zgrešio; a ti vrebaš dušu moju da je uzmeš"* (1. Samuelova 24:11).

David, čovek po Božjem sopstvenom srcu, išao je za dobrotom u svim stvarima čak i nakon što je postao kralj. Za vreme njegove vladavine, David je vladao njegovim kraljevstvom u pravdi i ojačao je kraljevstvo. Kako je Bog hodao sa kraljem, David je bio pobedniku njegovim ratovima protiv susednih Filistejca, Moavaca, Amaličana, Amona i Edomca. On je raširio izraelsku teritoriju i ratni plen i nagrade samo su rasle kao blago Davidovog kraljevstva. Shodno tome, on je uživao u periodu napredovanja.

David je takođe preneo Božji kovčeg saveza u Jerusalim, postavio je proceduru u žrtvama paljenica i ojačao je veru u GOSPODA Boga. Kralj je takođe pronašao Jerusalim kao politički i religiozni centar kraljevstva i napravio je sve pripreme za Sveti hram Božji da bu de izgrađen za vreme vladavine njegovog sina kralja Solomona.

Tokom čitave svoje istorije, Izrael je bio najmoćnija i raskošna za vreme vladavine kralja Davida i kralj David je bio veoma poštovan od njegovog naroda i davao je veliku slavu Bogu. Na vrhu svega ovoga, koliko je veliki predak bio David da Mesija treba da dođe od njegovih potomaka?

Ilija donosi srca Izraelaca nazad Bogu

Sin kralja Davida Solomon je služio idolima u njegovim

kasnijim danima i kraljevstvo je bilo podeljeno na pola posle njegove smrti. Među dvanaest plemena Izraela, deset je osnovalo kraljevstvo Izraela na severu dok su preostala plemena formirala kraljevstvo Judeje na jugu.

U kraljevstvu Izraela, proroci Amos i Osija otkrili su Božju volju Njegovom narodu dok su proroci Isaija i Jeremija izneli službovanje u kraljevstvu Judeje. Kada god bi vreme Njegovog biranja došlo, Bog bi poslao Njegove proroke i ispunio bi Njegovu volju kroz njih. Jedan od njih je bio Ilija. Ilija je izneo svoje službovanje za vreme vladavine kralja Ahava u severnom kraljevstvu.

U Ilijevom vremenu, jevrejska kraljica Jezavelja dovela je Vala u Izrael i služenje idolu se raširilo kroz celo kraljevstvo. Prva misija proroka Ilije koju je trebao da izvede je da kaže kralju Ahava da neće biti tri i po godine kiše u Izraelu kao ishod Božjeg suda zato što su služili idolima.

Kada je prorok to rekao kralj i kraljica su pokušali da ga ubiju, Ilija je pao u Sareptu koja je pripadala Sidonu. Njemu je udovica tamo dala zalogaj hleba a zauzvrat za njenu službu Ilija je manifestovao čudesne blagoslove za udovicu i njena činija za brašno se nikad nije ispraznila i krčag sa uljem je uvek bio pun sve dok se nije završio period gladovanja. Kasnije, Ilija je takođe oživeo mrtvog sina udovice.

Iznad planine Karmil, Ilija je pobedio 450 proroka Vala i 400 proroka Ašera i doveo je Božju vatru sa neba. Kako bi odvratio srca Izraelaca od idola i poveo ih nazad ka Bogu, Ilija je popravio oltar Božji, polivao je vodom žrtve paljenice i iskreno se molio Bogu.

GOSPODE Bože Avramov, Isakov i Izrailjev, neka danas poznadu da si Ti Bog u Izrailju i ja da sam Tvoj sluga, i da sam po Tvojoj reči učinio sve ovo. Usliši me, GOSPODE, usliši me, da bi poznao ovaj narod da si Ti GOSPOD Bog, kad opet obratiš srca njihova. Tada pade oganj GOSPODNJI i spali žrtvu paljenicu i drva i kamen i prah, i vodu u opkopu popi. A narod kad to vide sav popada ničice, i rekoše: „GOSPOD je Bog, GOSPOD je Bog. Tada im reče Ilija: Pohvatajte te proroke Valove da ni jedan ne uteče." I pohvataše ih; i Ilija ih odvede na potok Kison, i pokla ih onde (1. Knjiga Kraljevima 18:36-39).

U nastavku, on je doveo na zemlju kišu sa neba nakon tri i po godine suše, prošao je reku Jordan kao da je hodao po suvoj zemlji i prorokovao je o stvarima koje će se tek dogoditi. Manifestujući Božje čudesne moći, Ilija je svedočio jasno o živom Bogu.

U 2. Knjizi Kraljevima 2:11 čitamo: „*I kad iđahu dalje [Ilija i Jelisej] razgovarajući se, gle, ognjena kola i ognjeni konji rastaviše ih. I Ilija otide u vihoru na nebo.*" Zato što je Ilija udovoljavao Bogu sa njegovom verom do najvećeg stepena i dobio je Njegovu ljubav i prepoznavanje, proroci će se uzdići na nebo bez da se suočavaju sa smrću.

Danilo oživljava Božju slavu nacijama

Dve stotine i pedeset godina kasnije, oko 605. godine pre nove ere, u trećoj godini vladavine kralja Joakima, Jerusalim je pao u invaziju kralja Vavilona Navuhodonosora i mnogi članovi kraljevske porodice Judeje su bili zarobljeni.

Kao deo politike Navuhodonosorovog izmirenja, kralj je naredio Asfenazu šefu njegovih zvaničnika, da dovede neke sinove Izraela, uključujući neke iz kraljevskih porodica i plemića, mladiće koji nemaju defekta, koji su dobrog izgleda, koji pokazuju inteligenciju u svakom ogranku mudrosti, obdarenim razumevanjem i probirljivim znanjem i koji imaju mogućnost da služe kraljevskom sudu. I kralj mu naredi da ih uči literaturu i jezik heldejski i među takvim mladićima je bio i Danilo (Danilo 1:3-4).

Međutim, Danilo je promenio mišljenje da on neće sebe ukaljati kraljevim izborom hrane ili sa vinom koje je pio, i potražio je dozvolu od starešine da ne bi sebe ukaljao (Danilo 1:8).

Čak iako je on bio ratni zarobljenik, Danilo je dobio blagoslov od Boga jer se plašio Njega u svakom periodu svog života. Bog je dao Danilu i njegovim prijateljima znanje i inteligentnost u svakom ogranku literature i mudrosti. Danilo je čak i razumeo sve vrste vizija i snova (Danilo 1:17).

Zato je nastavio da stiče naklonost i priznanje od kraljeva čak iako su se kraljevstva menjala. Prepoznavši Danilov neverovatan duh, kralj Persije Darije je tražio da se imenuje nad celim kraljevstvom. Onda je grupa sudskih službenika postala ljubomorna i počeli su da traže osnovne optužbe protiv Danila u pogledu državnih poslova. Ali nisu mogli da nađu osnove u optužbama ili dokaze o korupciji.

Kada su saznali da se Danilo moli Bogu tri puta dnevno, zastupnici i nasilnici došli su pred kralja i naredili mu da naprave statut da svako ko napiše molitvu bilo za boga ili čoveka pored kralja mesec dana treba da bude bačen u lavlji kavez. Danilo se nije dvoumio; čak i u riziku da izgubi i reputaciju, visoki položaj i sopstveni život u lavljem kavezu, on je nastavio da se moli, gledajući ka Jerusalimu, kao što je to i ranije radio.

Po naređenju kralja, Danilo je bačen u lavlji kavez ali zato što je Bog poslao Njegove anđele i zatvorio usta lavovima, Danilo je ostao nepovređen. Nakon što su ovo shvatili, kralj Darius napisao je svim narodima, nacijama i ljudima na svim jezicima koji su živeli u svim zemljama i dozvolio im je da slave i hvale Boga:

> *Od mene je zapovest da se u svoj državi carstva mog svak boji i straši Boga Danilovog, jer je On Bog živi, koji ostaje doveka, i carstvo se Njegovo neće rasuti, i vlast će Njegova biti do kraja. On izbavlja i spasava, i čini znake i čudesa na nebu i na zemlji, On je izbavio Danila od sile lavovske* (Danilo 6:26-27).

Pored predaka vere koji su imali veliki uzor u Boga kako se iznad navodi, nikakva količina papira i mastila ne bi bila dovoljna da se opišu dela vere Gideona, Vedana, Samsona Jeftaja, isaije,

Jeremije, Jezekilja, Danilovih trojice prijatelja, Jestira i svih proroka predstavljenih u Bibliji.

Veliki praoci za sve nacije na zemlji

Od najranijih dana nacije Izraela, Bog je lično planirao i usmeravao tok njene istorije. Svaki put kada bi se Izrael sam našao u krizi, Bog bi ga predvodio kroz proroke koje je On pripremio i vodio je istoriju Izraela.

Prema tome, za razliku od bilo mojih drugih nacija, istorija Izraela se odvija u skladu sa proviđenjem Božjim od dana Avramovog i nastaviće da se odvija u skladu sa planom Božjim sve do kraja vremena.

Jer Bog imenuje i koristi očeve vere između ljudi Izraela za Njegovo proviđenje i plan ne samo za Njegov odabir Izraelaca već takođe i za sve ljude svuda koji imaju veru u Boga.

> *Kad će od Avrama postati velik i silan narod, i u njemu će se blagosloviti svi narodi na zemlji* (Postanak 18:18).

Bog želi „da sve nacije na zemlji" postanu Avramova deca sa verom i da dobiju Avramove blagoslove. On nije rezervisao blagoslove samo za Njegov izbor Izraelaca. Bog je obećao Avramu u Postanku 17:4-5 da će postati otac vere mnogim nacijama, a u Postanku 12:3 da će sva plemena na zemlji biti blagoslovljena u njemu i u Postanku 22:17-18 da će sve nacije biti blagoslovene u njegovom semenu.

Šta više, kroz istoriju Izraela, Bog je otvorio put sa kojim će sve nacije na zemlji spoznati da je samo GOSPOD Bog pravi Bog, služiće Njemu i postaće Njegova iskrena deca koja Njega vole.

> *Potražiše me koji ne pitahu za me; nađoše me koji me ne tražahu; rekoh narodu koji se ne zove mojim imenom. „Evo me, evo me,“* (Isaija 65:1).

Bog je osnovao velike pra očeve i lično je vodio i vladao istorijom Izraela kako bi dozvolio oboma i Jevrejima i Njegovim odabranim Izraelcima da zovu Njegovo ime. Bog je ispunio istoriju kultivacije čovečanstva sve do tada ali sada On je osmislio drugi savršeni plan tako da će On ispuniti proviđenje ljudske kultivacije takođe i nejevrejima. Zato, kada je vreme Njegovog biranja došlo Bog je poslao Njegovog Sina na zemlju Izraela ne samo kao Mesiju Izraela već i kao Mesiju celog čovečanstva.

Ljudi koji svedoče o Isusu Hristu

Kroz istoriju kultivacije čovečanstva, Izrael je oduvek bio u centru ispunjavanja Božjeg proviđenja. Bog je Sebe otkrio očevima vere, obećao je njima stvari koje će se dogoditi i ispunio je baš kao što je On obećao. On je takođe rekao Izraelcima da će Mesija doći iz plemena Judinog i kuće Davidove i da će spasti sve nacije na zemlji.

Prema tome, Izrael je čekao Mesiju koji je bio predskazan u Starom zavetu. *Mesija je Isus Hrist.* Naravno, ljudi koji imaju veru u Judaizam ne prepoznaju Isusa kao Sina Božjeg i kao Mesiju, već umesto toga oni još čekaju na Njegov dolazak.

Međutim, Mesija na koga Izraelci čekaju i Mesija o kome ćemo u ovom Poglavlju pisati je jedan isti.

Šta ljudi govore o Isusu Hristu? Ako ispitate proročanstvo o Mesiji i njegovom ispunjavanju i kvalifikacije o Mesiji, vi ćete samo potvrditi činjenicu da Mesija za kojim Izrael žudi je niko drugi no Isus Hrist.

Pavle, progonitelj Isusa Hrista pretvara se u Njegovog Apostola

Pavle je bio rođen u Tarsu, Kilikija, u savremenoj Turskoj

pre oko 2000 godina, i njegovo ime na rođenju je bilo Savle. Savle je bio obrezan osmog dana nakon rođenja, nacije Izraela od plemena Venijaminovog i Jevrejin od Jevreja. Pavle je pronađen bez mana kao što je pravednost u Zakonu. On je takođe bio učen pod nadzorom Gamalila, učiteljem Zakona koji je bio poštovan od strane ljudi. On je živeo striktno po zakonu od njegovih očeva i imao je državljanstvo Rimskog carstva koja je bila najmoćnija zemlja na svetu u to vreme. Jednom rečju, Savle nije ništa manjkalo u ovim telesnim stvarima što se tiče njegove familije, roda, znanja, bogatstva ili vlasti.

Zato što je voleo Boga iznad svega, Savle je ljubomorno osuđivao sledbenike Isusa Hrista. To je bilo zato što je čuo da su hrišćani tvrdili da je razapet Isus bio Sin Božji i Spasitelj i da je Isus vaskrsao trećeg dana iz Njegove grobnice, Savle je to smatrao jednako huljenjem protiv Boga Samog.

Savle je takođe mislio da su sledbenici Isusa Hrista predstavljali pretnju farisejskog Judaizma koju je on strastveno sledio. Iz tog razloga, Savle je neumorno proganjao i uništavao crkvu i preuzeo je vođstvo u zarobljivanju vernika Isusa Hrista.

On je zarobio mnogo hrišćana i glasao je protiv njih kada su bivali ubijeni. On je takođe kaznio vernike u svim sinagogama, pokušavao je da ih primora da hule tamo protiv Isusa Hrista i nastavio je u njihovom osuđivanju čak i u tuđim gradovima.

Onda je Savle doživeo neopisiv preokret u iskustvu sa kojim se njegov život okrenuo naopačke. Na njegovom putu ka Damasku, odjednom je video svetlost sa neba koja ga je okolo obasjala.

„Savle! Savle, zašto me goniš?"
„Ko si Ti, Gospode?"
„Ja sam Isus, kog ti goniš."

Savle je ustao sa zemlje, ali ništa nije mogao da vidi; ljudi su ga doveli do Damaska. On je ostao tamo tri dana bez vida. On nije niti jeo niti pio. Nakon ovog događaja, Gospod se pojavio u viziji učeniku nazvanom Ananije.

> *Ustani i idi u ulicu koja se zove Prava, i traži u domu Judinom po imenu Savla Taršanina; jer gle, on se moli Bogu, i vide u utvari čoveka, po imenu Ananiju, gde uđe i metnu ruku na nj da progleda... Idi, jer mi je on sud izbrani da iznese ime moje pred neznabošce i careve i sinove Izrailjeve; a ja ću mu pokazati koliko mu valja postradati za ime moje* (Dela Apostolska 9:11-12, 15-16).

Kada je Ananij položio njegove ruke i pomolio se za Savla, odmah je sa njegovih očiju otpalo nešto kao krljušt i on je progledao. Nakon što je spoznao Gospoda, Savle je počeo da razume svoje grehove i misli i preimenovan je u „Pavla" što znači „mali čovek." Od tada pa nadalje, Pavle je smelo propovedao Jevrejima živog Boga i jevanđelje Isusa Hrista.

Ali vam dajem na znanje, braćo, da ono jevanđelje koje sam ja javio, nije po čoveku. Jer ga ja ne primih od čoveka, niti naučih, nego otkrivenjem Isusa Hrista. Jer ste čuli moje življenje nekad u Jevrejstvu, da sam odviše gonio crkvu Božiju i raskopavao je; i napredovah u Jevrejstvu većma od mnogih vrsnika svojih u rodu svom, i odviše revnovah za otačke svoje običaje. A kad bi ugodno Bogu, koji me izabra od utrobe matere moje i prizva blagodaću svojom; da javi Sina Svog u meni, da Ga jevanđeljem objavim među ljudima neznabošcima; odmah ne pitah telo i krv, Niti iziđoh u Jerusalim k starijim apostolima od sebe nego otidoh u arapsku, i opet se vratih u Damask (Poslanica Galaćanima 1:11-17).

Čak i nakon što je spoznao Gospoda Isusa Hrista i propovedao jevanđelje, Pavle je istrajao u svim vrstama patnji koje ne mogu biti adekvatno opisane rečima. Pavle se često nalazio u velikim borbama, u mnogo većim tamnicama, pretučen bezbroj mnogo puta, često u opasnosti, u mnogim besanim noćima, u gladi i žeđi, često bez hrane, u hladnim uslovima (2. Poslanica Korinćanima 11:23-27).

On je lako mogao da živi naprednim i udobnim životom sa njegovim položajem, vlasti, znanjem i mudrosti ali Pavle se odrekao svega toga i predao je sve što je imao Gospodu.

Jer ja sam najmlađi među apostolima, koji nisam

dostojan nazvati se apostol, jer gonih crkvu Božiju. Ali po blagodati Božijoj jesam šta jesam, i blagodat Njegova što je u meni ne osta prazna, nego se potrudih više od svih njih, ali ne ja nego blagodat Božija koja je sa mnom (1. Poslanica Korinćanima 15:9-10).

Pavle je mogao da prizna ovo smelo priznanje zato što je imao veoma snažno iskustvo u susretu sa Isusom Hristom. Gospod nije samo sreo Pavla na putu za Damask, već je takođe i učvrstio Njegovu prisutnost sa Pavlom manifestovanjem čudesnih dela moći.

Bog je činio izvanredna čuda sa rukama Pavla, tako da kad bi se maramice ili kecelje sa njegovog tela samo donele do bolesnih, bolesti su ih napuštale i zli duhovi bi izašli napolje. Pavle je takođe vratio i mladog čoveka zvanog Evtih u život kada je pao sa trećeg sprata i kada je bio mrtav. Vraćanje mrtvog čoveka u život nije moguće bez Božje moći.

Stari Zavet spominje proroka Iliju koji je vratio u život sina udovice u Sarepti i proroka Jeliseja koji je oživeo dečaka istaknute žene u Sunimi. Kao što su pisci psalma napisali u Psalmima 62:11: „Jednom reče Bog i više puta čuh, da je krepost u Boga," moć Božja je data čoveku od Boga.

Za vreme njegova tri misionarska puta, Pavle je učvrstio temelje za jevanđelje Isusa Hrista da se propoveda svim nacijama i izgradnju crkava na mnogim mestima u Aziji i Evropi uključujući Srednju Aziju i Grčku. Prema tome, put je otvoren kroz koji će jevanđelje Isusa Hrista biti propovedano u svakom uglu zemlje i brojne duše će biti spašene.

Petar manifestuje veliku moć i spašava brojne duše

Šta možemo reći o Petru koji je uložio napor da bi propovedao jevanđelje Jevrejima? On je bio običan pecaroš pre nego što je sreo Isusa, nakon što je bio pozvan od strane Isusa i svedok iz prve ruke čudesnim stvarima koje je Isus radio, Petar je postao jedan od Njegovih najboljih učenika.

Kada je Petar video da Isus manifestuje vrstu i jačinu moći koju nijedan drugi čovek nije mogao da imitira, uključujući progledanje slepih, ustajanje bogalja, oživljavanje mrtvih i kada je video da Isus čini dobra dela i kada je video da Isus pokriva ljudske nedostatke i grehove, Petar je mogao da veruje: „On jeste zaista došao od Boga." U Jevanđelju po Mateju 16 mi možemo da nađemo njegovo priznanje.

Isus je pitao Svoje učenike: „*A vi šta mislite ko sam ja?*" (stih 15) i Petar je odgovorio: „*Ti si Hristos, Sin Boga Živoga*" (stih 16).

Onda se nešto nezamislivo dogodilo Petru koji je mogao da da ovakvo smelo priznanje kao što je gore navedeno. Petar je čak priznao Isusu na poslednjoj večeri: „Ako se i svi sablazne o tebe ja se neću nikad sablazniti" (Jevanđelje po Mateju 26:33). Ali u noći kada je Isus uhvaćen i razapet, Petar se odrekao iako je poznavao Isusa tri puta zbog straha od smrti.

Nakon što je Isus vaskrsnuo i uzdigao se na nebo, Petar

je primio Svetog Duha i bio je preobraćen na čudesan način. On je došao do toga da je posvetio svaki gram svog života u propovedanju jevanđelja o Isusu Hristu bez straha od smrti. Jednog dana 3000 ljudi se pokajalo i bilo je kršteno kada je smelo svedočio o Isusu Hristu. Čak i ispred jevrejskih vođa koji su pretili da će mu oduzeti život, on je smelo prorokovao da je Isus Hrist naš Gospod i Spasitelj.

> *Pokajte se, i da se krstite svaki od vas u ime Isusa Hrista za oproštenje greha; i primićete dar Svetog Duha. Jer je za vas obećanje i za decu vašu, i za sve daleke koje će god dozvati Gospod Bog naš* (Dela Apostolska 2:38-39).

> *On je kamen koji vi zidari odbaciste, a postade glava od ugla. I nema ni u jednom drugom spasenja; jer nema drugog imena pod nebom danog ljudima kojim bi se mi mogli spasti* (Dela Apostolska 4:11-12).

Petar je pokazivao moć Božju manifestovanjem mnogih znakova i čuda. U Lidi, Petar je iscelio čoveka koji je bio paralisan osam godina i u blizini Jopi, on je oživeo Tavitu koji se razboleo i umro. Petar je takođe učinio da bogalji ustanu i hodaju, isceljivao je ljude koji su patili od različitih bolesti i isterivao je demone.

Božja moć pratila je Petra do te mere da su ljudi iznosili bolesne na ulicu i stavljali ih da leže u posteljama i nosilima zato što su očekivali da kada prolazi Petar makar će njegova senka pasti na jednog od njih (Dela Apostolska 5:15).

Osim toga, Bog je otkrio Petru kroz vizije da jevanđelje spasenja i jeste da bi se privukli neznabožci. Jednog dana, kada je Petar otišao na vrh kuće da se moli, on je osetio glad i želju da pojede nešto. Dok se pripremala hrana, Petar je pao u trans i video je kako se nebo otvara i kako silazi predmet kao veliki čaršav. U njemu su bile sve vrste četvoro nožnih životinja i gmizavca sa zemlje i ptica u vazduhu (Dela Apostolska 10:9-12). Petar je onda čuo glas.

Glas je došao do Petra. *„Ustani, Petre! Pokolji i pojedi“* (stih 13). Ali Petar je rekao: *„Nipošto, Gospode! Jer nikad ne jedoh šta pogano ili nečisto“* (stih 14). Ponovo glas je došao do njega po drugi put: *„Šta je Bog očistio ti ne pogani“* (stih 15).

Ovo se dogodilo tri puta i sve je bilo vraćeno nazad na nebo. Petar nije mogao da razume zašto mu je Bog zapovedio da jede nešto što je opisano kao „nečistim“ po Mojsijevom zakonu. Dok je Petar proučavao viziju, Sveti Duh mu je rekao: *„Evo tri čoveka traže te. Nego ustani i siđi i idi s njima ne premišljajući ništa, jer ih ja poslah“* (Dela Apostolska 10:19-20). Tri čoveka došla su u ime jevrejina Kornelija koji ih je poslao da dovedu Petra u njegovu kuću.

Kroz ovu viziju, Bog je otkrio Petru da Bog želi da se i Njegova milost propoveda čak i Jevrejima i naredio je Petru da širi njima jevanđelje Gospoda Isusa Hrista. Petar je bio toliko zahvalan Gospodu koji ga je voleo do kraja i kao Svom apostolu mu je poverio tajni zadatak čak iako Ga je se odrekao tri puta tako da Petar nije štedeo svoj život vodeći nebrojeno mnogo duša na putu ka spasenju i on je umro mučeničkom smrću.

Apostol Jovan prorokuje o poslednjim danima o otkrivanju Isusa Hrista

Jovan je bio pre pecaroš u Galileji, ali kada je bio pozvan od Isusa, Jovan je uvek hodao sa Njim i svedočio je mnogim njegovim manifestovanim znakovima i čudima. Jovan je vido kada je Isus pretvarao vodu u vino na svadbi u Kani, isceljivao mnogo brojne bolesne ljude uključujući i osobu koja je bila bolesna trideset i osam godina, isterivao demone iz mnogih i otvarao oči slepima. Jovan je takođe bio svedok kada je Isus hodao po vodi i vratio život Lazaru koji je bio mrtav četiri dana.

Jovan je pratio Isusa i kada se Isus preobratio (Njegovo lice je sijalo kao sunce i Njegovo ruho je postalo belo kao svetlost) i kada je pričao sa Mojsijem i Ilijom na vrhu Planine preobraženja. Čak i kada je Isus ispuštao poslednji Njegov dah na krstu, Jovan je čuo Isusa kako govori devici Mariji i njemu: *„Ženo! Eto ti sina!“* (Jovanu 19:26) *„Eto ti matere!“* (Jovanu 19:27)

Sa ove tri poslednje reči koje koje je Isus izgovorio na krstu, u fizičkom smislu Isus je tešio Mariju koja je nosila i rodila Njega u duhovnom smislu da je On prorokovao celom čovečanstvu da su svi vernici braća, sestre i majke.

Isus se nikada nije obraćao Mariji kao Njegovoj „majci.“ Kao što je Sin Božji u suštini Bog Sam, niko nije mogao da Njega rodi i On nije mogao da ima majku. Razlog zbog koga je isus rekao Jovanu: „Eto ti matere!“ je bio taj da Jovan treba da služi Mariji kao svojoj majci. Od tog časa Jovan je odveo Mariju u njegovo domaćinstvo i služio joj kao svojoj majci.

Nakon Isusovog vaskrsenja i uzdizanja, on je revnosno propovedao jevanđelje Isusa Hrista zajedno i sa drugim apostolima uprkos učestalim pretnji Jevreja. Kroz njihovo revnosno propovedanje jevanđelja, ranija crkva je doživela spektakularno oživljavanje, ali u isto vreme su i apostoli bili uporni predmet optuživanja.

Apostol Jovan je bio ispitivan od strane jevrejskog saveta i kasnije je bio gurnut u ključalo ulje od Rimskog cara Domicijana. Ali Jovan nije patio od toga uz Božju moć i proviđenje i car ga je prognao na grčko ostrvo Patmos u Mediteranskom moru. Ovde, Jovan je komunicirao sa Bogom u molitvama i sa inspiracijom Svetog Duha i vođstvom anđela, on je video mnogo dubokih vizija i napisao je otkrivenje Isusa Hrista.

> *Otkrivenje Isusa Hrista, koje dade Njemu Bog, da pokaže slugama svojim šta će skoro biti, i pokaza, poslavši po anđelu svom sluzi svom Jovanu* (Otkrivenje Jovanovo 1:1).

Sa inspiracijom Svetog Duha, Jovan Apostol je napisao do detalja sve stvari koje će se dogoditi u poslednjim danima kako bi ljudi mogli da prihvate Isusa kao njihovog Spasitelja i kako bi pripremili sebe da Njega prihvate kao Kralja svih kraljeva i kao Gospodara svih gospodara za vreme Njegovog Drugog Dolaska.

Članovi ranijih crkvi održavaju post u skladu sa svojom verom

Kada se vaskrsli Isus uzdigao na nebo, On je obećao Njegovim učenicima da će se On vratiti na isti način kao kada su ga gledali kada se On uzdizao na nebo.

Brojni svedoci Isusovog vaskrsenja i uzdizanja su razumeli da će i oni moći isto tako da vaskrsnu i više se nisu plašili smrti. Na ovaj način oni mogu da žive svoje živote kao Njegovi svedoci licem u lice sa pretnjama i ugnjetavanjima vođa sveta i optužbama koja ih često koštaju života. Ne samo Isusovi učenici koji su Njemu služili za vreme Njegovog javnog službovanja već takođe i brojni drugi postali su plen lavovima u Koloseumu u Rimu, bili su mučeni, razapeti i paljeni do pepela. Međutim, svi oni su održavali post u svojoj veri u Isusa Hrista.

Kako su se optužbe protiv hrišćanstva zaoštravale, članovi ranijih crkava su se krili u Rimskim katakombama, poznatim kao „podzemna grobna mesta." Njihovi životi su bili užasni; bilo je to kao da nisu ni živeli. Zato što su oni imali strastvenu i iskrenu ljubav prema Gospodu, opet oni se nisu plašili bilo koje vrste iskušenja i mučenja.

Pre nego što je hrišćanstvo bilo zvanično prepoznato u Rimu, gušenje protiv hrišćanstva je bilo grubo i okrutno van opisa. Hrišćanima je bilo oduzeto državljanstvo, Biblije i crkve su bile paljene i vođe crkava i radnici su bili hapšeni, brutalno mučeni i pogubljeni.

Polikarp u crkvi Smirnski u srednjoj Aziji je imao ličnu zajednicu sa apostolom Jovanom. Polikarp je bio preodređen biskup. Kada je Polikarp bio uhapšen od rimskih vlasti i kada je stao pred Guvernerom, on nije odustao od svoje vere.

„Ja ne želim da vas osramotim. Naredite da ti hrišćani budu ubijeni i ja ću vas pustiti. Prokunite Hrista!"

„Osamdeset i šest godina sam bio Njegov sluga i On mi nije učinio ništa loše. Kako mogu da hulim na mog Kralja koji me je spasao?"

Oni su nameravali da ga spale do smrti, ali zato što nisu uspeli, Polikarp biskup Smirnski umro je kao mučenik nakon što je na smrt preklan. Kada su mnogi drugi hrišćani svedočili i čuli za Polikarpov marš u veri i njegovo mučenje, došli su do većeg saznanja o isusovom stradanju i sami su izabrali put mučeništva.

Ljudi Izrailjci, gledajte dobro za ove ljude šta ćete činiti. Jer pre ovih dana usta Tevda, govoreći da je on nešto, za kojim pristade ljudi na broj oko četiri stotine. On bi ubijen, i svi koji ga slušahu raziđoše se i propadoše. Potom usta Juda Galilejac, u dane prepisa, i odvuče dosta ljudi za sobom; i on pogibe, i svi koji ga slušahu razasuše se. I sad vam kažem: prođite se ovih ljudi i ostavite ih; jer ako bude od ljudi ovaj savet ili ovo delo, pokvariće se; ako li je od Boga, ne možete ga pokvariti, da se kako ne nađete kao bogoborci (Dela Apostolska 5:35-39).

Kao što je poznati Gamalilej opominjao i podsećao ljude Izraela onako kao što je gore napisano, jevanđelje Isusa Hrista koji došao iz Samog Boga ne može biti srušeno. Konačno, u 313.god., car Konstantin prepoznaje hrišćanstvo kao zvaničnu religiju njegovog kraljevstva i jevanđelje o Isusu Hristu počinje da se propoveda po celom svetu.

Svedočenje o Isusu zapisano u Pilatovom izveštaju

Među istorijskim dokumentima za vreme Rimskog carstva, postoje zapisi o Isusovom vaskrsenju koje je Pontije Pilat, guverner Rimske provincije Judeje za vreme Isusovog vremena, napisao i poslao Caru.

Sledi odlomak o vaskrsenju Isusa iz „Pilatov izveštaj Cezaru o hapšenju, suđenju i razapeću Isusa," koji se trenutno čuva u Svetoj Sofiji u Istanbulu, Turska.

Nekoliko dana nakon što je grobnica pronađena prazna, njegovi učenici su objavili unaokolo zemlje da je Isus ustao iz mrtvih kao što je i Sam prorokovao. Ovo je

stvorilo još više uzbuđenja nego samo razapeće. Što se njegove istine tiče ne mogu sigurno reći ali sam istraživao po tom pitanju, a i vi možete sami istražiti i videti da li grešim, kao što Irod izjavljuje.

Josif je sahranio Isusa u svom grobu. Šta god da je mislio o Njegovom vaskrsenju ili je računao da mu napravi drugu, ja ne mogu reći. Dan nakon što je sahranjen jedan od sveštenika je došao u sudnicu i rekao da su zabrinuti jer njegovi učenici nameravaju da ukradu telo Isusa i da ga sakriju, i da će onda ispasti da je ustao iz smrti kao što je On prorokovao i u šta su oni bili savršeno ubeđeni.

Poslao sam ga kod kapetana kraljevske garde (Malcus) da mu kaže da uzme jevrejske vojnike, da ih postavi oko groba koliko god je potrebno; tako da ako se nešto desi da oni mogu da okrive sebe a ne Rimljane.

Kada je veliko uzbuđenje nastalo jer je grob postao prazan, osetio sam još veću zabrinutost nego ikada. Poslao sam po ovog čoveka Islama, koji mi je najavljen kao najbliži koji može da mi opiše sledeće okolnosti. Oni su videli meku i lepu svetlost nad grobom. On, najpre, je mislio da su žene dolazile da balzamuju Isusovo telo, kao što je njihov običaj, ali nije mogao da vidi kako su mogle da prođu pored stražara. Iako su mu ove misli prolazile kroz glavu, ovo celo mesto bilo je

gore osvetljeno i izgledalo je da postoje kolone mrtvih u svojim grobnim odećama.

Sve se činilo da viču i da padaju u ekstaziju, dok se svuda unaokolo i iznad čula najlepša muzika koju je on čuo i izgledalo je kao da ceo vazduh je prepun glasova koji slave Boga. Sve ovo vreme činilo se da se on tetura i da pliva po zemlji i izgledao je kao da će mu pozliti i da će se onesvestiti i nije mogao da stoji na nogama. On je rekao da je izgledalo kao da zemlja pliva ispod njega i da su ga osećaji napustili i da nije znao šta će se dogoditi.

Kao što čitamo u Jevanđelju po Mateju 27:51-53: „*I zemlja se potrese, i kamenje se raspade. I grobovi se otvoriše, i ustaše mnoga tela svetih koji su pomrli; I izašavši iz grobova, po vaskrsenju Njegovom, uđoše u sveti grad i pokazaše se mnogima*" rimljanska straža je dala slično svedočenje.

Nakon zapisivanja svedočenja rimljanskih stražara koji su svedočili duhovnom fenomenu, Pilat je napisao na kraju izveštaja: „Gotovo sam spreman da kažem: 'Zaista ovo je bio Sin Božji.'"

Brojni svedoci o Gospodu Isusu Hristu

Nisu samo Isusovi učenici koji su Njemu služili za vreme Njegovog javnog službovanja bili svedoci jevanđelju Isusa Hrista. Baš kao što je Isus rekao u Jevanđelju po Jovanu 14:13: „*I šta god zaištete u Oca u ime Moje, ono ću vam učiniti, da se proslavi Otac u Sinu,"* mnogi svedoci su dobili Božje odgovore na njihove molitve i svedočili su o živom Bogu i Gospodu Isusu Hristu još od Njegovog vaskrsenja i uzdizanja na nebo.

> *Vi ćete primiti silu kad siđe Duh Sveti na vas; i bićete Moji svedoci i u Jerusalimu i po svoj Judeji i Samariji i čak do najdaljih delova zemlje* (Dela apostolska 1:8)

Ja sam prihvatio Gospoda nakon što sam bio izlečen uz Božju moć od svih bolesti protiv kojih je medicinska nauka bila bespomoćna. Kasnije sam bio pomazan da budem sluga Gospoda Isusa Hrista i propovedao sam jevanđelje svim ljudima i manifestovao sam znakove i čuda.

Kao što je obećano u gornjem stihu, mnogi ljudi su postali Božja deca primanjem Svetog Duha i posvetili su svoje živote propovedanjem jevanđelja o Isusu Hristu sa moći Svetog Duha. Na ovaj način se jevanđelje proširilo po celom svetu i mnogo brojni ljudi danas se susreću sa živim Bogom i prihvataju Isusa Hrista.

> *Idite po svemu svetu i propovedite jevanđelje svakom stvorenju. Koji uzveruje i pokrsti se, spašće se; a ko ne veruje osudiće se. A znaci onima koji veruju biće ovi: imenom mojim izgoniće đavole; govoriće novim jezicima; uzimaće zmije u ruke, ako*

i smrtno šta popiju, neće im nauditi; na bolesnike metaće ruke, i ozdravljaće (Jevanđelje po Marku 16:15-18).

Crkva Svetog groba na Golgoti, brdo na Golgoti u Jerusalimu

Poglavlje 2

Mesija poslat od Boga

Bog obećava Mesiji

Izrael je često gubio vlast i morao je da pati od invazija i vlasti kao što je Persija i Rim. Kroz njegove proroke, Bog je dao veliko obećanje o Mesiji koji će doći kao Kralj Izraela. Nije moglo da postoji nikakav veći izvor nade za pogođene Izraelce od Božjeg obećanja o Mesiji.

> *Jer nam se rodi Dete, Sin nam se dade, kome je vlast na ramenu, i ime će Mu biti: Divni, Savetnik, Bog silni, Otac večni, Knez mirni. Bez kraja će rasti vlast i mir na prestolu Davidovom i u carstvu njegovom da se uredi i utvrdi sudom i pravdom od sada doveka. To će učiniti revnost GOSPODA nad vojskama* (Isaija 9:6-7).

> *„Gle, idu dani“, govori GOSPOD, „u koje ću podignuti Davidu Klicu pravednu, koja će carovati i biti srećna i činiti sud i pravdu na zemlji. U Njegove dane spašće se Juda, i Izrailj će stanovati u miru, i ovo mu je ime kojim će se zvati: ’Gospod pravda naša’“* (Jeremija 23:5-6).

Raduj se mnogo, kćeri sionska! Podvikuj, kćeri jerusalimska! Evo, Car tvoj ide k tebi, pravedan je i spasava, krotak i jaše na magarcu, i na magaretu, mladetu magaričinom. Jer ću istrebiti iz Jefrema kola i iz Jerusalima konje; i istrebiće se luk ubojiti; i On će kazivati mir narodima, i vlast će mu biti od mora do mora i od reke do krajeva zemaljskih (Zaharija 9:9-10).

Izrael čeka na Mesiju bez prestanka sve do današnjeg dana. Šta je odlaganje dolaska Mesije koga Izrael željno iščekuje i naslućuje? Mnogi Jevreji žele odgovor na ovo pitanje ali odgovor je pronađen u činjenici da oni ne znaju da je Mesija već došao.

Isus Mesija patio je baš kao što je prorokovao Isaija

Mesija koga je Bog obećao Izraelu i koji je zaista poslat je Isus. Isus je rođen u Vitlejemu u Judeji nekih dve hiljada godina ranije kada je čas došao, Isus je umro na krstu, vaskrso je i otvorio je put spasenja celom čovečanstvu. Jevreji u Njegovom vremenu, međutim, nisu prepoznali Isusa kao Mesiju na koga su čekali. To je zato što je Isus izgledao potpuno drugačije od slike Mesije koju su oni zamišljali.

Jevreji su postali iscrpljeni od dugog perioda kolinijalne vladavine i očekivali su potencijalnog Mesiju da ih izbavi od njihove političke borbe. Oni su mislili da će Mesija doći kao Kralj Izraela, da će staviti kraj na sve ratove, da će ih izbaviti od proganjanja i pritisaka, da će im dati iskren mir i da će ih uzdići iznad svih nacija.

Međutim, Isus nije došao na ovaj svet kao raskošan i prilično veličanstven kralj već je rođen kao sin siromašnog drvodelje. On čak nije ni došao da bi oslobodio Izrael od rimskog ugnjetavanja niti da obnovi pređašnju slavu. On je došao na ovaj svet da bi obnovio čovečanstvo koje je bilo osuđeno na propast još od Adamovog greha i da ih načini decom Božjom.

Iz ovih razloga, Jevreji nisu prepoznali Isusa kao Mesiju i umesto toga su Ga razapeli. Ako mi proučimo lik Mesije kao što je napisano u Bibliji, mi samo možemo da potvrdimo činjenicu da je Mesija odista Isus.

> *Jer izniče pred Njim kao šibljika, i kao koren iz suve zemlje; ne bi obličja ni lepote u Njega; i videsmo Ga, i ne beše ništa na očima, čega radi bismo Ga poželeli. Prezren beše i odbačen između ljudi, bolnik i vičan bolestima, i kao jedan od koga svak zaklanja lice, prezren da Ga nizašta ne uzimasmo* (Isaija 53:2-3).

Bog je rekao Izraelcima da Mesija, Kralj Izraela neće imati raskošan oblik ili veličanstvenost niti izgled da ih privukao već će umesto toga On biti preziran i odbačen od strane ljudi. Ipak, Izraelci nisu uspeli da prepoznaju Isusa kao Mesiju kojeg im je Bog obećao.

On je bio prezren i napušten od izabranika Božjih Izraelaca, ali Bog je postavio Isusa Hrista iznad svih nacija i brojni ljudi do današnjeg dana su prihvatili Njega kao njihovog Spasitelja.

Kao što je napisano u Psalmima 118:22-23: „*Kamen koji odbaciše zidari, posta glava od ugla. To bi od GOSPODA i divno je u našim očima*" providenje spasenja čovečanstva je ispunjeno kroz Isusa koga je Izrael napustio.

Isus nije imao izgled Mesije koga su ljudi Izraela očekivali da vide, ali mi možemo da razumemo da Isus jeste Mesija o kome je Bog propovedao kroz Njegove proroke.

Sve uključujući slavu, mir i obnovu što nam je Bog obećao kroz Mesiju ima veze sa duhovnim kraljevstvom i Isusom koji dolazi na ovu zemlju da bi ispunio zadatak koji je Mesija rekao: „*Carstvo moje nije od ovog sveta*" (Jevanđelje po Jovanu 18:36).

Mesija o kome je Bog propovedao nije bio kralj sa zemaljskom vlašću i slavom. Mesija nije došao na ovu zemlju kako bi Božja deca mogla da uživaju u bogatstvu, reputaciji i poštovanju za vreme njihovog privremenog života na ovoj zemlji. On je trebalo da dođe da spase Njegov narod od njihovih grehova i da ih povede da uživaju u večnoj radosti i slavi na nebu uvek i zauvek.

> *I u to će vreme za koren Jesejev, koji će biti zastava narodima, raspitivati narodi, i počivalište Njegovo biće slavno* (Isaija 11:10).

Obećani Mesija nije trebalo da dođe samo kao Božji izbor

Izraelcima već i da ispuni obećanje o spasenju za sve koji prihvate Božje obećanje o Mesiji sa verom prateći korake Avramove vere. Ukratko, Mesija je trebalo da dođe da ispuni obećanje Božje o spasenju kao Spasitelj za sve nacije na zemlji.

Potreba za Spasiteljem za celo čovečanstvo

Zašto je Mesija trebao da dođe na ovaj svet ne samo za spasenje ljudi Izraela već i takođe za celo čovečanstvo?

U Postanku 1:28, Bog je blagoslovio Adama i Evu i rekao im: *„Rađajte se i množite se, i napunite zemlju, i vladajte njom, i budite gospodari od riba morskih i od ptica nebeskih i od svih zveri što se miče po zemlji."*

Nakon što je stvorio prvog čoveka Adama i postavio ga za gospodara nad svim stvorenjima, Bog je dao čoveku vlast da „ukroti" i da „vlada nad" zemljom. Ali kad je Adam jeo sa drveta spoznaje dobra i zla, koje mu je Bog izričito zabranio i počinio greh u neposlušnosti u iskušenju Sotonom podstaknute zmije otrovnice, Adam više nije mogao da uživa u ovakvoj vlasti.

Kada su se povinovali rečima pravednosti Boga, Adam i Eva su bili robovi u pravednosti i uživali su u vlastima koje im je Bog dao, ali nakon što su zgrešili, oni su od tada postali robovi u grehu i đavolu i bili su primorani da se odreknu vladavine (Poslanica Rimljanima 6:16). Prema tome, sva vladavina koju je Adam dobio od Boga bila je predata đavolu.

U Jevanđelju po Luki, neprijatelj đavo je iskušavao Isusa tri puta, koji je baš završio četrdesetodnevni post. Đavo je pokazao Isusu sva kraljevstva ovoga sveta i Njemu rekao: *„Tebi ću dati svu vlast ovu i slavu njihovu, jer je meni predana, i kome ja hoću daću je. Ti, dakle, ako se pokloniš preda mnom biće sve Tvoje"* (Jevanđelje po Luki 4:6-7). Đavo implicira da „posed i njena slava" su bile „predate meni" od Adama i đavo takođe može da preda i nekom drugom.

Da, Adam je izgubio svu vlast i predao ga je u ruke đavolu i kao rezultat toga postao je rob đavolu. Od tada Adam je dodavao greh nad grehom pod vođstvom đavola i bio je smešten na put smrti što je plata za greh. Ovo se nije zaustavilo sa Adamom već je pogodilo sva njegova pokolenja, koji su nasledili Adamov pravi greh kroz uticajno nasledstvo. Oni su takođe bili stavljeni u vlast greha vođeno đavolom i Sotonom i osuđeni na smrt.

Ovo objašnjava neophodan dolazak Mesije. Ne samo Božjim odabranicima Izraelcima nego i svim ljudima je bio potreban Mesija koji će moći da ih izvede iz vlasti đavola i Sotone.

Kvalifikacije Mesije

Baš kao što postoje i zakoni na ovoj zemlji, postoji vlast i propisi u duhovnom kraljevstvu. Bilo da će osoba pasti u smrt ili će dobiti oproštaj od njegovih grehova i dostići spasenje, zavisi od zakona duhovnog kraljevstva.

Koje vrste kvalifikacije osoba mora da zadovolji da bi postao Mesija i da bi spasio celo čovečanstvo od kletvi zakona?

Odredba koja se tiče kvalifikacija o Mesiji je nađena u Zakonu koji je Bog dao Njegovim izabranicima. Zakon je u vezi otkupa zemlje.

> *Ali da se zemlja ne prodaje za svagda, jer je moja zemlja, a vi ste došljaci i ukućani kod Mene. Zato po svoj zemlji države vaše neka se otkupljuju zemlje. Ako osiromaši brat tvoj i proda nešto od baštine svoje, a posle dođe ko od roda njegovog najbliži njemu da otkupi, neka otkupi šta brat njegov prodade* (Levitski Zakonik 25:23-25).

Zakon o otkupu zemlje sadrži tajne o kvalifikacijama Mesije

Bog je odabrao Izraelce koji su poštovali zakon. Prema tome, za vreme transakcija da bi prodali ili kupili zemlju, oni su se striktno pridržavali zakona o otkupu zemljišta zapisanog u Bibliji. Za razliku od zakona o zemljištu u drugim zemljama, Izraelski zakon imao je jasan ugovor da zemlja ne može da se trajno proda i da može u kasnijim vremenima da se povrati. To obezbeđuje da bogati srodnik može da povrati zemlju od člana njegove porodice koji je prodao. Ako osoba nema srodnika dovoljno bogatog da je povrati već on mora da povrati svoja sredstva dovoljno da bi je povratio, zakon dozvoljava pravom vlasniku zemlje da je sam povrati.

Kako, onda, se onda zakon o otkupljenju zemlje u Levitskom Zakoniku odnosi na Mesiju?

Kako bi ovo razumeli bolje, mi moramo da imamo u mislima činjenicu da je čovek stvoren od prašine sa zemlje. U Postanku 3:19 Bog govori Adamu: „*Sa znojem lica svog ješćeš hleb, dokle se ne vratiš u zemlju od koje si uzet; jer si prah, i u prah ćeš se vratiti.*" I čitamo u Postanku 3:23: „*Zbog toga ga GOSPOD Bog izagna iz vrta Edemskog da radi zemlju, od koje bi uzet.*"

Bog je rekao Adamu: „ jer si prah" i „zemlja" ima duhovno značenje da je čovek stvoren od prašine sa zemlje. Tako da, zakon o otkupljenju zemljišta koji se odnosi na prodaju i kupovinu zemljišta, direktno se odnosi na zakon o duhovnom kraljevstvu koji se odnosi na spasenje čovečanstva.

U skladu sa zakonom o otkupljenju zemljišta, Bog poseduje celu zemlju i nijedan čovek ne može da je trajno proda. Na isti način, sva vlast koju je Adam dobio od Boga zapravo je pripadala

Bogu i niko je prema tome ne može trajno prodati. Ako neko postane siromašan i trajno proda zemlju, zemlja treba da bude vraćena kada se pojavi prikladna osoba. Slično tome, đavo treba da vrati vlast koja mu je bila predata od Adama kada se pojedinac koji može da je povrati pojavi.

Zasnovano na zakonu u povraćaju zemljišta, Božja ljubav i pravda pripremila je pojedinca koji može da povrati svu vlast koju je Adam predao u ruke đavolu. Taj pojedinac je Mesija, a Mesija je Isus Hrist koji je bio pripremljen od večnog i bio je poslat od Samog Boga.

Kvalifikacije Spasitelja i njihovo ispunjavanje kroz Isusa Hrista

Dozvolite nam da razjasnimo zašto je Isus Mesija i Spasitelj celog čovečanstva na osnovu zakona o otkupljivanju zemljišta.

Prvo, baš kao što otkupitelj mora biti srodnik, Spasitelj mora takođe biti čovek koji će otkupiti celo čovečanstvo od njihovih grehova zato što je celo čovečanstvo postalo grešno kroz grehove prvog čoveka Adama. Levitski Zakonik 25:25, nam kaže: *„Ako osiromaši brat tvoj i proda nešto od baštine svoje, a posle dođe ko od roda njegovog najbliži njemu da otkupi, neka otkupi šta brat njegov prodade.“* Ako osoba ne može više da priušti sebi da zadrži zemlju i proda zemlju, njegov najbliži srodnik može da otkupi nazad zemlju. Na isti način, zato što je prvi čovek Adam imao i predao vlast Bog mu je dao đavola, otkupljenje vlasti predato đavolu mora biti ispunjeno od strane čoveka, Adamovog „najbližeg srodnika."

Kao što nailazimo u 1. Poslanici Korinćanima 15:21: „*Jer budući da kroz čoveka bi smrt, kroz čoveka i vaskrsenje mrtvih,* " Biblija nam potvrđuje da spasenje grešnika ne mora biti ispunjeno samo kroz anđele ili zveri već samo kroz čoveka. Čovečanstvo je smešteno na put smrti zbog greha Adama, prvog čoveka, neko drugi treba da ga otkupi od njihovog greha i samo čovek koji sledi, Adamov „najbliži srodnik" može to da uradi.

Iako Isus poseduje ljudsku prirodu takođe i božanstvenu prirodu kao Sin Božji, On je bio rođen od ljudskog bića kako bi otkupio čovečanstvo od njihovih grehova (Jevanđelje po Jovanu 1:14) i iskusio rast. Kao ljudsko biće, Isus je spavao i osećao je glad, žeđ, radost i tugu. Kada je bio razapet na krstu, Isus je krvario i osećao je nepodnošljiv bol.

Čak i u istorijskom kontekstu, postoji neporeciv dokaz koji svedoči činjenici da je Isus došao na ovaj svet kao ljudsko biće. Sa rođenjem Isusa kao referentna tačka, istorija sveta je podeljena na dva dela: „"B.C." i „A.D." „B.C." ili „Before Christ" (pre Hrista) odnosi se na doba pre Hristovog rođenja a „A.D." ili „Anno Domini" („leta Gospodnjeg") odnosi se na vreme od Hristovog rođenja. Ova činjenica potvrđuje da je Isus došao na ovaj svet kao čovek. Prema tome, Isus zadovoljava prvu kvalifikaciju Spasitelja zato što je On došao na ovaj svet kao čovek.

Drugo, baš kao i otkupitelj zemljišta ne može da povrati zemlju ako je siromašan, pokolenja Adama ne mogu da otkupe čovečanstvo od njegovih grehova zato što je Adam grešio i sva njegova pokolenja su rođena sa pravim grehom. Osoba za Spasitelja celog čovečanstva ne sme da bude naslednik Adama.

Ako brat želi da vrati dugove njegove sestre, on sam mora da bude bez bilo kakvih dugovanja. Na isti način, osoba da bi otkupila druge od njihovih grehova mora takođe da bude bez grehova. Ako je otkupitelj grešnik, on će sebe naći kao rob grehova. Kako, onda, može on da otkupi druge od njihovih grehova?

Nakon što je Adam počinio greh u neposlušnosti, svi njegovi naslednici su bili rođeni sa pravim grehom. Prema tome, nijedan naslednik Adama nikada ne može biti Spasitelj.

Telesno govoreći, Isus je naslednik Davida i Njegovi roditelji su Josif i Marija. Jevanđelje po Mateju 1:20, međutim nam govori: *„Jer ono što se u njoj začelo od Duha je Svetog.“*

Razlog zbog kojeg je svaki pojedinac rođen sa pravim grehom je zato što je on nasledio od njegovih roditelja grešne osobine kroz očevu spermu i kroz majčine jajnike. Ipak, Isus nije začet od Josifove sperme i Marijinih jajnika već uz moć Svetog Duha. To je bilo zato što je ona postala trudna pre nego što su spavali zajedno. Svemogući Bog može da uzrokuje da dete bude začeto uz moć Svetog Duha bez ujedinjenja sperme i jajnika.

Isus je samo „pozajmio“ telo Marije device. Kako je On bio začet uz moć Svetog Duha, Isus nije nasledio nikakve osobine grešnika. Kako Isus nije potomak Adama i kako je bez pravog greha, On takođe zadovoljava druge kvalifikacije Spasitelja.

Treće, baš kao što otkupitelj zemlje mora da bude dovoljno bogat da otkupi zemlju, Spasitelj celog čovečanstva mora da ima moć da pobedi neprijatelja đavola i da spase čovečanstvo od đavola.

Levitski Zakonik 25:26-27 nam govori: „*Ako li ne bi imao nikoga da otkupi, nego bi se pomogao i zaglavio koliko treba za otkup,Onda neka odbije godine otkako je prodao, pa šta ostane neka isplati onom kome je prodao, i tako neka opet dođe do svoje baštine.*" Drugim rečima, da bi osoba mogla da otkupi zemlju, on mora da poseduje „sredstva" da bi to uradila.

Spasavanje ratnih zarobljenika zahteva da jedna strana treba da ima moć da pobedi neprijatelja a vraćanje dugova drugih zahteva da svaki pojedinac treba da ima finansijska sredstva. Na isti način, izvođenje celog čovečanstva od vlasti đavola zahteva da Spasitelj treba da poseduje moć da pobedi đavola da bi ih spasio od đavola.

Pre njegovih grehova, Adam je posedovao moć da vlada nad svim stvorenjima, ali nakon što je zgrešio, Adam je postao predmet vlasti đavola. Iz ovog mi možemo zaključiti da moć da se pobedi đavo dolazi od bezgrešnika.

Isus Sin Božji je u potpunosti bio bez greha. Zato što je Isus bio začet Svetim Duhom i nije bio potomak Adama, On je bio bez pravog greha. Šta više, zato što se On samo povinovao zakonu Božjem kroz Njegov život, Isus nije imao grehove koje je

On počinio. Iz ovog razloga Petar Apostol govori da Isus: „*greha ne učini, niti se nađe prevara u ustima Njegovim; koji ne psova kad Ga psovaše; ne preti kad strada; nego se oslanjaše na Onog koji pravo sudi*" (1. Petrova Poslanica 2:22-23).

Kako je On bio bez grehova, Isus je imao moć i vlast da pobedi đavola i imao je moć da spase čovečanstvo od đavola. Njegova brojna manifestovanja čudesnih znakova i čuda svedoče o ovome. Isus je isceljivao bolesne ljude, isterivao je demone, činio da slepi progledaju, gluvi da čuju i da bogalji hodaju. Isus je čak i smirio uzburkano more i oživljavao je mrtve.

Činjenica da je Isus bio bez greha potvrđena je bez sumnje u Njegovom vaskrsenju. U skladu sa zakonom duhovnog kraljevstva, grešnici moraju da se suoče sa smrću (Poslanica Rimljanima 6:23). Kako je On bio bez grehova međutim, Isus nije smešten pod moći smrti. On je izdahnuo na krstu i Njegovo telo je sahranjeno u grobnici ali trećeg dana On je vaskrso.

Imajte na umu da su takvi veliki očevi vere kao što su Enoh i Ilija su bili uzdignuti na nebo živi bez da su se suočili sa smrću zato što su bili bez grehova i postali su potpuno posvećeni. Slično tome, trećeg dana nakon što je bio sahranjen, Isus je razbio vlast đavola i Sotone kroz Njegovo vaskrsenje i postao je Spasitelj celog čovečanstva.

Četvrto, baš kao što otkupitelj zemlje mora da ima ljubav da bi otkupio zemlju za svog srodnika, Spasitelj čovečanstva mora takođe da poseduje ljubav sa kojom On može da položi Njegov život za druge.

Čak iako Spasitelj zadovoljava prve tri kvalifikacije ranije spomenute ali nema ljubav, On ne može da postane Spasitelj čovečanstva. Pretpostavimo da brat ima dug od 100.000$ i da je njegova sestra multimilioner. Bez ljubavi, sestra neće platiti dug brata i njeno neverovatno bogatstvo neće značiti ništa za njenog brata.

Isus je došao na ovu zemlju kao ljudsko biće, nije bio potomak Adama i imao je moć da pobedi đavola i da spasi čovečanstvo od đavola zato što nije imao ni malo greha. Međutim, da je Njemu nedostajala ljubav, Isus ne bi mogao da otkupi čovečanstvo od njihovih grehova. „Isusovo otkupljenje čovečanstva od grehova" znači da je On trebao da primi kaznu smrti u njihovo ime. Da bi Isus otkupio čovečanstvo od njihovih grehova, On je morao da bude razapet kao jedan od najvećih grešnika na svetu, da pati u svim vrstama prezira i ne poštovanja i da prolije Njegovu vodu i krv do smrti. Zato što je Isusova ljubav za čovečanstvo bila tako vatrena i zato što je On bio voljan da otkupi čovečanstvo od njihovih grehova, ipak Isus se nije brinuo zbog kazne raspećem.

Zašto je onda Isus morao visi na krstu i da proliva Njegovu krv do smrti? Kao što nam Knjiga Ponovljenih Zakona 21:23 govori: *„Jer je proklet pred Bogom ko je obešen,"* i u skladu sa zakonom duhovnog kraljevstva koje naređuje da je „Plata za greh je smrt," Isus je bio obešen na drvetu da bi otkupio čovečanstvo od prokletstva greha kome su se oni klanjali.

Šta više, kao što čitamo u Levitskom Zakoniku 17:11: *„Jer*

je duša telu u krvi; a ja sam vam je odredio za oltar da se čiste duše vaše; jer je krv što dušu očišća," ne postoji oproštaj od grehova bez prolivanja krvi.

Naravno, Levitski Zakonik nam govori da fino brašno može biti ponuđeno Bogu umesto krvi od životinja. Ovo upoređenje međutim, je za one koji nisu u stanju da ponude životinje. To nije bila vrsta ponude krvi sa kojom je Bog bio zadovoljan. Isus nas je otkupio od naših grehova time što je obešen na drvenom krstu i krvario je do smrti na njemu.

Koliko je divna Isusova ljubav bila da je Isus prolio Njegovu krv na krstu i otvorio je put spasenja za one koji su Njega prozivali i razapeli, čak iako je On isceljivao ljude od svih vrsta bolesti, oslabio okove slabosti i činio samo dobro?

Zasnovano na zakonu o otkupu zemljišta, mi zaključujemo da samo Isus zadovoljava kvalifikacije Spasitelja koji može da otkupi čovečanstvo od njegovih grehova.

Put spasenja čovečanstva pripremljeno pre vekova

Put spasenja čovečanstva se otvorio kada je Isus umro na krstu i vaskrsao trećeg dana od Njegove sahrane i razbio vlast smrti. Isusov dolazak na ovu zemlju da bi ispunio proviđenje o spasenju čovečanstva i da postane Mesija za čovečanstvo je je predskazano u pravom času kada je Adam zgrešio.

U Postanku 3:15, Bog govori zmiji otrovnici koja je iskušavala ženu: *„I još mećem neprijateljstvo između tebe i žene i između semena tvog i semena njenog; ono će ti na glavu stajati a ti* *ćeš ga u petu ujedati.*" Ovde „žena" duhovno simbolizuje Božji odabir Izraelaca a „zmija otrovnica" označava neprijatelja đavola i Sotonu koji se protive Bogu. Kada seme „žene" će „pomodriti [zmiji otrovnici] glavu," to znači da će Spasitelj čovečanstva doći među Izraelce i pobediće moć smrti neprijatelja đavola.

Zmija otrovnica postaje nemoćna jednom kada joj je glava povređena. Na isti način, kada je Bog rekao zmiji otrovnici da će seme žene pomodriti zmiji otrovnici glavu, On je prorokovao da će Hrist za čovečanstvo biti rođen od Izraela i da će uništiti vlast đavola i Sotone i spasiće grešnike koji su bili vezani za njihovu vlast.

Zato što je bio svestan ovoga, đavo je pokušao da ubije seme žene pre nego što će On naneti štetu na njenoj glavi. Na ovaj način je đavo verovao da će on uživati zauvek u vlasti koja mu je bila predata od neposlušnog Adama samo ako ubije seme žene. Neprijatelj đavo, međutim, nije znao čije će seme biti od žene i počeo je da pravi zaveru da ubije Božje odane i voljene proroke čak još od početka vremena Starog Zaveta.

Kada je Mojsije bio rođen, neprijatelj đavo je podsticao faraona Egipta da ubije svu mušku prvorođenu decu Izraelskih žena (Izlazak 1:15-22), a kada je Isus došao na ovu zemlju u telu, pokrenuo je srce kralja Iroda i naterao ga je da ubije svu mušku decu koja su bila u Vitlejemu i okolini, od druge godine pa naviše. Iz ovog razloga, Bog je činio za Isusovu porodicu i poveo ih da pobegnu iz Egipta.

Nakon toga Isus je odrastao pod zaštitom Samog Boga i počeo je sa Njegovom službom u 30. godini. U skladu sa Božjom voljom, Isus je išao po celoj Galileji, učio je u njihovim sinagogama, isceljivao je od svih vrsta bolesti i svaku vrstu bolesti među ljudima, oživljavao je mrtve, propovedao jevanđelje o kraljevstvu neba siromašnim ljudima.

Đavo i Sotona su podsticali glavne sveštenike, pisare i Fariseje i počeli su da kuju zaveru da kroz njih.ubiju Isusa. Ali oni zli nisu čak ni mogli da dodirnu Isusa sve do vremena Božjeg izbora. Tek krajem Isusovog trogodišnjeg službovanja je Bog dozvolio njima da uhapse i razapnu Isusa da bi ispunio proviđenje o spasenju čovečanstva kroz Isusovo raspeće.

Podlegavši pritisku Jevreja, Rimski guverner Pontije Pilat osudio je Isusa na raspeće i prema tome rimski vojnici su Isusa krunisali sa bodljikavom žicom i na krstu zabijali su mu eksere na rukama i nogama.

Razapeće je bilo jedno od najokrutnijih metoda da se pogubi kriminalac. Kada je đavo uspeo u tome da je Isus razapet na ovakav okrutan način od strane zlog čoveka, koliko se samo đavo radovao tome! On je očekivao da niko više i ništa više ne može da obori njegovu vlast nad svetom i pevao je radosne pesme sa igrom. Ali Božja promisao će se ovde naći.

„Ali premudrost govorimo koja je u savršenima, a ne premudrost veka ovog ni knezova veka ovog koji prolaze; nego govorimo premudrost Božiju u tajnosti sakrivenu, koju odredi Bog pre sveta za slavu našu;

koje nijedan od knezova veka ovog ne pozna; jer da su je poznali, ne bi Gospoda slave razapeli" (1. Poslanica Korinćanima 2:7-8).

Zato što je Bog pravda, on ne vrši potpuni vlast do te mere da krši zakon već čini sve u skladu sa zakonom duhovnog kraljevstva. Prema tome, on je raskrčio put u spasenju čovečanstva pre vremena u skladu sa zakonom Božjim.

U skladu sa zakonom duhovnog kraljevstva, gde se kaže da je „plata za greh smrt" (Poslanica Rimljanima 6:23), ako jedan pojedinac ne greši, on ne može da dostigne smrt. Međutim, đavo je razapeo bezgrešnog, neokaljanog i besprekornog Isusa. Đavo je međutim prekršio zakon o duhovnom kraljevstvu i morao je da plati kaznu vraćanjem Adamove vlasti koja bu je bila predata nakon što je počinio greh neposlušnosti. Drugim rečima, đavo je sada bio prisiljen da se odrekne njegovog čekanja na ljude koji će prihvatiti Isusa kao njihovog Spasitelja i koji će verovati u Njegovo ime.

Da je đavo znao za ovu mudrost Božju, on ne bi razapeo Isusa. Međutim zato što nije imao ideju o ovoj tajni, on je ubio bezgrešnog Isusa, čvrsto verujući da će da to osigurati njegovo grabljenje sveta zauvek. Ali u stvarnosti đavo je pao u sopstvenu zamku i završio je tako što je prekršio zakon duhovnog kraljevstva. Koliko je veličanstvena Božja mudrost!

Istina je da je neprijatelj đavo postao predmet u ispunjavanju Božjeg proviđenja o spasenju čovečanstva i kao što je propovedano u Postanku njegova glava je „pomodrela" sa semenom žene.

Sa Božjim proviđenjem mudrosti, bezgrešni Isus je umro kako bi otkupio celo čovečanstvo od njihovih grehova i vaskrsenjem na treći dan, On je probio vlast nad smrti neprijatelja đavola i postao je Kralj kraljeva i Gospod gospodara. On je otvorio vrata spasenja kako bi mi mogli da postanemo jednaki kroz veru u Isusa Hrista.

Prema tome, brojni ljudi kroz istoriju čovečanstva su bili spašeni kroz veru u Isusa Hrista i mnogo više njih danas prihvataju Gospoda Isusa Hrista.

Primanje Svetog Duha kroz veru u Isusa Hrista

Zašto mi dobijamo spasenje kada verujemo u Isusa Hrista? Odmah nakon što prihvatimo Isusa Hrista kao našeg Spasitelja, mi dobijamo Svetog Duha od Boga. Kada mi dobijemo Svetog Duha, naše duše, koje su bile mrtve, oživljavaju. Kako je Sveti Dug moć i srce Boga, Sveti Duh vodi Božju decu ka istini i pomaže im da žive po volji Božjoj.

Na ovaj način, oni koji zaista veruju da će Isus Hrist biti njihov Spasitelj pratiće želje Svetog Duha i boriće se da žive po Božjoj reči. Oni će osloboditi sebe od mržnje, preke naravi, ljubomore, ljutnje osuđivanja i optuživanja drugih i prevare i umesto toga hodaće u dobroti i istini i razumeće, služiće i voleće druge.

Kao što je ranije spomenuto, kada je prvi čovek Adam zgrešio i jeo sa drveta spoznaje dobra i zla, duh u čoveku je umro i čovek je smešten na put ka uništenju. Ali kada mi dobijemo Svetog Duha, naš mrtvi duh će da oživi onoliko koliko tražimo želje Svetog Duha i koračamo u rečima Istine Boga, mi ćemo uveliko postati ljudi od istine i povratićemo izgubljenu sliku Boga.

Kada mi hodamo u rečima istine Božje, naša vera će biti prepoznata kao „iskrena vera" i zato što će naši grehovi biti pročišćeni sa krvlju Isusa u skladu sa našim delima u veri, mi možemo da dobijemo spasenje. Iz tog razloga 1. Jovanova Poslanica 1:7 nam govori: *„Ako li u videlu hodimo, kao što je On sam u videlu, imamo zajednicu jedan s drugim, i krv Isusa Hrista, Sina Njegovog, očišćava nas od svakog greha."*

Na ovaj način mi dostižemo spasenje sa verom nakon što dobijamo oproštaj od naših grehova. Međutim, ako mi hodamo u grehu uprkos našem priznanju o veri, to priznanje je laž i prema tome, krv našeg Gospoda Isusa Hrista ne može da nas otkupi od naših grehova niti On može da nam garantuje spasenje.

Naravno, to je drugačija priča za ljude koji su tek primili Isusa Hrista. Čak iako oni još ne hodaju u istini, Bog će ispitati njihovo srce, verovaće da će oni biti transformisani i povešće ih ka spasenju dok se oni bore da hodaju ka istini.

Isus ispunjava proročanstvo

Božja reč o Mesiji prorokovana kroz proroke je ispunjena kroz Isusa. Svaki pregled o Isusovom životu, od Njegovog rođenja, službovanja pa do Njegovog razapeća i vaskrsenja, bila je promisao Božja za Njega da postane Mesija i Spasitelj za celo čovečanstvo.

Isus rođen iz device u Vitlejemu

Bog je prorokovao rođenje Isusa kroz proroka Isaiju. Za vreme Božjeg odabira, moć Božja Uzvišenoga sišla je na čistu ženu nazvanu Marija u nazaretu u Galileji i ona uskoro postaje trudna sa detetom.

> *Zato će vam sam Gospod dati znak; Eto devica će zatrudneti i rodiće Sina, i nadenuće Mu ime Emanuilo* (Isaija 7:14).

Baš kao što je Bog obećao ljudima Izraela: „Neće postojati kraj reda kraljeva u kući Davidovoj," On je učinio da Mesija dođe kroz ženu nazvanu Marija, koja će biti udata za Josifa, potomka Davida. Kako Adamovi potomci rođeni sa pravim grehom ne mogu da otkupe čovečanstvo o njihovih grehova, Bog je ispunio proročanstvo time što je načinio da Marija devica rodi Isusa pre nego što se se ona i Josif venčali.

> *A ti, Vitlejeme Efrato, ako i jesi najmanji među hiljadama Judinim, iz tebe će mi izaći koji će biti Gospodar u Izrailju, kome su izlasci od početka, od večnih vremena* (Mihej 5:2).

Biblija je prorokovala da će Isus biti rođen u Vitlejemu. Odista, Isus je rođen u Vitlejemu u Judei za vreme kralja Iroda (Jevanđelje po Mateju 2:1) i istorija svedoči o ovom događaju.

Kada se Isus rodio, kralj Irod se plašio pretnja o njegovoj vladavini i pokušao je da ubije Isusa. Međutim, pošto nije mogao da pronađe bebu, kralj Irod je ubijao svu decu u Vitlejemu i njegovoj okolini, od dve godine i stariju i zbog toga se se čuli vrisci i plač u celom regionu.

Da Isus nije došao na ovaj svet kao pravi kralj Jevreja, zašto bi onda kralj žrtvovao toliko mnogo dece da bi ubio samo jednu bebu? Ova tragedija se dogodila zato što je neprijatelj đavo žudio da ubije Mesiju zbog straha da će izgubiti vlast nad svetom i dotakao je srce kralja Iroda koji se plašio da će izgubiti krunu i dozvolio mu je da počinio ovakav zločin.

Isus svedoči o živom Bogu

Pre nego što je počeo sa Njegovim službovanjem, Isus se

u potpunosti pridržavao zakona za svih 30 godina Njegovog života. I kada je On postao dovoljno star da postane sveštenik, On je počeo da obavlja Njegovo službovanje da bi postao Mesija kao što je planiramo pre vekova.

> *Duh je GOSPODA Boga na meni, jer me GOSPOD pomaza da javljam dobre glasove krotkima, posla me da zavijem ranjene u srcu, da oglasim zarobljenima slobodu i sužnjima da će im se otvoriti tamnica; Da oglasim godinu milosti GOSPODNJE i dan osvete Boga našeg, da utešim sve žalosne, Da učinim žalosnima u Sionu i dam im nakit mesto pepela, ulje radosti umesto žalosti, odelo za pohvalu umesto duha tužnog. Da se prozovu hrastovi pravde, sad Gospodnji za slavu Njegovu* (Isaija 61:1-3).

Kao što u gore navedenom proročanstvu nailazimo, Isus je rešavao sve životne probleme uz moć Božju i ugađao je slomljenim srcima. I kada je vreme Božjeg odabira došlo, isus je otišao u Jerusalim da bi patio u stradanju.

> *Raduj se mnogo, kćeri sionska! Podvikuj, kćeri jerusalimska! Evo, Car tvoj ide k tebi, pravedan je i spasava, krotak i jaše na magarcu, i na magaretu, mladetu magaričinom* (Zaharija 9:9).

Po Zaharijevom proročanstvu, Isus je ušao u grad Jerusalim

jašući magarca. Kao što je kolona vikala: *„Osana Sinu Davidovom! Blagosloven koji ide u ime Gospodnje! Osana na visini!"* (Jevanđelje po Mateju 21:9), i tamo je bilo uzbuđenje kroz grad. Ljudi su se radovali na ovaj način zato što je Isus manifestovao čudesne znakove i čuda kao što je hodanje po vodi i oživljavanje mrtvih. Uskoro, međutim će ova kolona Njega izdati i razapeti.

Kada su videli kolika kolona prati Isusa da bi čuli Njegove reči o vlasti i manifestovanja Božje moći, sveštenici, fariseji i pisari osetili su da je njihova pozicija pod pretnjom. Od surove mržnje prema ovom Isusu, oni su planirali da Ga ubiju. Oni su uzrokovali sve vrste lažnih dokaza protiv Isusa i Njega optužili su Ga da podstiče i obmanjuje ljude. Isus je prikazivao veličanstvena dela Božje moći koja drugačije ne bi mogla da budu izvedena osim ako Bog Sam nije uz Njega, ali su pokušavali da se otarase Isusa.

Na kraju, jedan od Isusovih učenika je Njega izdao i sveštenici su mu platili trideset srebrnjaka što im je pomogao da uhapse Isusa. Zaharijevo proročanstvo o isplaćenim trideset srebrnjak, koje kaže: *„I uzevši trideset srebrnika bacih ih u dom Gospodnji lončaru"* bilo je ispunjeno (Zaharija 11:12-13).

Kasnije čovek koji je izdao Isusa za trideset srebrnjaka nije mogao da prevaziđe osećaj krivice i bacio je trideset srebrnjaka u sveti hram ali sveštenici su potrošili taj novac da bi kupili „lončarevu zemlju" (Jevanđelje po Mateju 27:3-10).

Stradanje i smrt Isusa

Kao što je prorok Isaija prorokovao, Isus je patio u Stradanju kako bi spasio sve ljude. Zato što je Isus došao na ovu zemlju da bi ispunio proviđenje o otkupljenju Njegovih ljudi od njihovih grehova, On je bio obešen i umro je na drvenom krstu što je bilo simbol prokletstva i bio je žrtvovan Bogu kao ponuđena žrtva za čovečanstvo.

A On bolesti naše nosi i nemoći naše uze na se, a mi mišljasmo da je ranjen, da Ga Bog bije i muči. Ali On bi ranjen za naše prestupe, izbijen za naša bezakonja; kar beše na Njemu našeg mira radi, i ranom Njegovom mi se iscelismo. Svi mi kao ovce zađosmo, svaki nas se okrenu svojim putem, i GOSPOD pusti na Nj bezakonje svih nas. Mučen bi i zlostavljen, ali ne otvori usta svojih; kao jagnje na zaklanje vođen bi i kao ovca nema pred onim koji je striže ne otvori usta svojih. Od teskobe i od suda uze se, a rod Njegov ko će iskazati, Jer se istrže iz zemlje živih i za prestupe naroda mog bi ranjen? Odrediše Mu grob sa zločincima, ali na smrti bi s bogatim, jer ne učini nepravdu, niti se nađe prevara u ustima Njegovim. Ali GOSPODU bi volja da Ga bije, i dade Ga na muke; kad položi dušu svoju u prinos za greh, videće natražje, produžiće dane, i šta je GOSPODU ugodno napredovaće Njegovom rukom (Isaija 53:4-10).

Za vreme Starog Zaveta, krv životinja je nuđena Bogu svaki put kada bi pojedinac grešio protiv Njega. Ali Isus je prolio čistu krv koja uključuje niti pravi greh nisi samo počinjeni greh i „ponudio je jednu žrtvu za grešnike svih vremena" tako da svi ljudi mogu da dobiju oproštaje od njihovih grehova i idu u večni život (Poslanica Jevrejima 10:11-12). Prema tome, On je raskrčio put za oproštaje od grehova i spasenje kroz veru u Isusa Hrista i mi više ne moramo da prinosimo žrtve od krvi životinja.

Kada je Isus ispustio Njegov zadnji dah na krstu, crkvena zavesa se razdvojila na dva dela od vrha ka dnu (Jevanđelje po Mateju 27:51). Crkvena zavesa je bila veliki zastor koja je odvajala Svetinju nad svetinjama u Svetim mestima u hramu i obični ljudi nisu mogli da ulaze na Sveta mesta. Samo visoki sveštenici su mogli da ulaze u Svetinje nad svetinjama jednom godišnje.

Činjenica da se „crkvena zavesa razdvojila na dva dela od vrha ka dnu" simbolizuje da kada je On žrtvovao Sebe kao žrtvu Isus je uništio grešni zid koji je stajao između Boga i nas. U vremenu Starog Zaveta visoki sveštenici morali su da prinose žrtve Bogu zbog iskupljenja ljudi Izraela od njihovih grehova i molili su se Bogu u njihovo ime. Sada kada je zid greha koji je stojao između nas i Boga uništen, mi možemo sami da komuniciramo sa Bogom. Drugim rečima, svako ko veruje u Isusa Hrista može da uđe u sveti hram Božji i da Njemu služi i da se Njemu tamo moli.

Zato ću Mu dati deo za mnoge, i sa silnima će deliti plen, jer je dao dušu svoju na smrt, i bi metnut među zločince, i sam nosi grehe mnogih, i za zločince se moli (Isaija 53:12).

Baš kao što je prorok Isaija zapisao o Stradanju i razapeću Mesije, Isus je umro na krstu zbog grehova svih ljudi ali je nabrajao za prestupnike. Čak i dok je umirao na krstu, On je molio Boga da oprosti onima koji su Njega razapeli.

Oče, oprosti im; jer oni ne znadu šta čine (Jevanđelje po Luki 23:34).

Kada je umro na krstu, proročanstvo u Psalmima: „*Čuva Gospod sve kosti njegove, ni jedna se od njih neće slomiti*" (Psalmi 34:20) je ispunjeno. Mi možemo naići na njegovo ispunjavanje u Jevanđelju po Jovanu 19:32-33: „*Onda dođoše vojnici, i prvom dakle prebiše noge, i drugom raspetome s Njim; a došavši na Isusa, kad Ga videše da je već umro, ne prebiše Mu noge.*"

Isus ispunjava Njegovo službovanje jer postaje Mesija

Isus je držao grehove čovečanstva na krstu i umro je od njih kao sama žrtva ali ispunjenje proročanstva o spasenju nije bilo kroz Isusovu smrt.

Kao što je prorokovano u Psalmima 16:10: „*Jer nećeš ostaviti dušu moju u paklu, niti ćeš dati da Svetac Tvoj vidi trulost,*" i u Psalmima 118:17: „*Neću umreti, nego ću živ biti, i kazivati dela GOSPODNJA,"* Isusovo telo nije istrulelo i On je vaskrso trećeg dana.

Kako je nadalje prorokovano u Psalmima 68:18: „*Ti si izašao na visinu, doveo si roblje, primio darove za ljude, a i za one koji se protive da ovde nastavaš, GOSPODE Bože,"* Isus se uzdigao na nebo i čeka poslednje dane u kojima će On u potpunosti ispuniti kultivaciju čovečanstva i povešće Njegove ljude na nebo.

Lako je sada zapisano da sve što je Bog prorokovao za Mesiju kroz Njegove proroke je u potpunosti ispunjeno kroz Isusa Hrista.

Smrt Isusa i proročanstva o Izraelu

Božji odabrani Izraelci nisu prepoznali Isusa kao Mesiju. Ipak, Bog nije odustao od ljudi koje je On odabrao i ispunjava danas Njegovo proviđenje u spasenju Izraela.

Čak i kroz Isusovo razapeće, Bog je prorokovao budućnost Izraela i ovo je zbog Njegove iskrene ljubavi za njih i želje za njih da veruju u Mesiju koga je Bog poslao i da dostignu spasenje.

Patnja zbog Izraela koji je razapeo Isusa

Iako je rimski guverner Pontije Pilat osudio Isusa na razapeće, bili su to Jevreji koji su nagovarali Pilata da donese takvu odluku. Pilat je bio svestan da nije postojala osnova za koju bi ubio Isusa ali većina ga je ubedila, vikala je o Isusovom razapeću, do te mere da je učinio naredbu.

Odlučan u svojoj odluci da razapne Isusa, Pilat je uzeo vodu i oprao je njegove ruke ispred mase ljudi i rekao im je: „Ja nisam kriv u krvi ovog pravednika: vi ćete videti" (Jevanđelje po Mateju 27:24). U odgovoru, Jevreji su vikali: „Njegova krv će biti na nama i našoj deci!" (Jevanđelje po Mateju 27:25)

U 70. godinama nove ere, Jerusalim je pripao rimskom generalu Titu. Hram je bio uništen i preživeli su bili primorani da napuste svoju rodnu zemlju i bili su rastureni po svetu. Prema tome Dijaspora je počela i trajala je skoro oko 2000. godina. Za vreme ovog perioda Dijaspore mera mučenja ljudi Izraela koju su trpeli ne može biti adekvatno opisana rečima.

Kada je Jerusalim pao, oko 1. milion Jevreja je zaklano a za vreme II Svetskog rata oko šest miliona Jevreja je masakrirano od strane nacista. Kada su ih nacisti masakrirali, Jevreji su skidani do gole kože i ovo je podsećalo na vreme kada je Isus bio go razapet.

Naravno, sa izraelske tačke gledišta, oni mogu da se raspravljaju da njihova patnja nije rezultat toga što su oni razapeli Isusa. Gledajući nazad na istoriju Izraela, međutim, lako možemo primetiti da je Izrael i njegov narod bio zaštićen od Boga i da je cvetao kada su živeli po volji Božjoj. Kada su sebe udaljili od Božje volje, Izraelci su bili kažnjeni i predmet patnje i iskušenja.

Tako da mi znamo da Izraelska patnja nije bila bez razloga. Ako je razapeće Isusa bilo prikladno iz pogleda Božjeg, zašto bi Bog ostavio Izrael u sredini neprestanih i surovih patnji tako dugo vremena?

Isusova spoljna haljina i tunika i budućnost Izraela

Još jedan incident koji nagoveštava stvari koje će se desiti Izraelu se događa na mestu Isusovog raspeća. Kao što čitamo u Psalmima 22:18: „*Dele haljine moje među sobom, i za dolamu moju bacaju žreb,*" rimski vojnici su uzeli njegovu haljinu i podelili je na četiri dela, deo za svakog vojnika, dok su za

Njegovu tuniku bacali kocku i jedan od vojnika je uzeo.

Kako se ovaj događaj odnosi na budućnost Izraela? Kako je Isus Kralj Jevreja, Isusova spoljašnja haljina duhovno simbolizuje Božji odabir, državu Izrael i njen narod. Kada se Isusova spoljna haljina podelila na četiri dela i izgled te spoljne haljine je nestao, ovo nagoveštava uništenje države Izrael. Međutim, zato što je tkanina od spoljašnje haljine ostala, događaj prorokuje da čak iako država Izrael nestane, ime „Izrael" će ostati.

Kakvo je značenje ove činjenice da su rimski vojnici uzeli Isusovu spoljnu haljinu i napravili od toga četiri dela, deo za svakog vojnika? Ovo znači da će ljudi Izraela stradati od Rimljana i da će biti rastureni. Ovo prorokovanje je takođe bilo ispunjeno sa padom Jerusalima i sa uništenjem države Izrael, što je primoralo Jevreje da se rasture u različite delove sveta.

O Isusovoj tuniki, u Jevanđelju po Jovanu 19:23 čitamo: „*A dolama beše bešavna, izatkana u jednom komadu.*" Činjenica da je Njegova tunika „bezšavna" znači da nikakvi višestruki slojevi tkanine nisu šiveni zajedno da bi se napravio ovakav komad odeće.

Većina ljudi ne razmišlja mnogo o tome kako je tkana njihova odeća. Zašto onda, Biblija zapisuje do detalja strukturu Isusove haljine? U ovome je proročanstvo događaju koji će se dogoditi ljudima Izraela.

Isusova tunika simbolizuje srce ljudi Izraela, srce sa kojim su oni služili Bogu. Činjenica da je tunika bila „bezšavna, tkana iz jednog parčeta“ označava Izraelovo srce prema Bogu koje je trajalo od njihovog predaka Jakova i nije pokleklo u nikakvim okolnostima.

Kroz dvanaest plemena koje je pratilo vreme Avrama, Isaka i Jakova oni su stvorili naciju i ljudi Izraela su održavali post u svojoj čistoti kao nacija koja se nije mešala u brakovima sa Jevrejima. Nakon što su se podelili u kraljevstvo Izraela na severu i kraljevstvo Judeje na jugu, ljudi u severnom kraljevstvu su se mešali sa brakovima ali Judeja je ostala homogena nacija. Čak i danas, Jevreji održavaju njihov identitet koji datira još od vremena očeva vere.

Zbog toga, iako je Isusova spoljna haljina napravljena u četiri dela, Njegova tunika je ostala netaknuta. Ovo označava da iako će izgled države Izraela možda nestati, srca ljudi Izraela prema Bogu i njihova vera u Njega ne može da iščezne.

Zato što oni imaju ovo nepokolebljivo srce, Bog je njih izabrao kao Njegov odabir i kroz njih On je ispunjavao Njegov plan i volju do današnjeg dana. Čak i nakon što je prošlo hiljadu godina, ljudi Izraela se striktno pridržavaju zakona. Ovo je zato što su oni nasledili Jakovljevo nepromenljivo srce.

Kao rezultat, skoro 1900. godina kasnije nakon što su izgubili svoju državu, ljudi Izraela šokirali su svet deklaracijom o njihovoj nezavisnosti i obnovom njihove državnosti Maja 14. 1948. godine.

Jer ću vas uzeti iz naroda, i pokupiću vas iz svih zemalja, i dovešću vas u vašu zemlju (Jezekilj 36:24).

I nastavaćete u zemlji koju sam dao ocima vašim, i bićete mi narod i ja ću vam biti Bog (Jezekilj 36:28).

Kao što je već prorokovano u Starom Zavetu: „*Posle mnogo vremena bićeš pohođen, i poslednjih godina,*" ljudi Izraela počeli su da se okupljaju u Palestini i učvrstili su državu ponovo (Jezekilj 38:8). Šta više, razvijanjem u jednoj od svetskih najmoćnijih zemalja, Izrael je još jednom potvrdio ostatku sveta svoje glavne osobine kao nacija.

Bog želi da se Izrael pripremi za Isusov dolazak

Bog želi da novo obnovljeni Izrael podseti i pripremi na Povratak Mesije. Isus je došao u zelju Izrael pre oko 2000 godina, potpuno je ispunio proviđenje o spasenju za čovečanstvo i postao je Spasitelj i Mesija za njih. Kada se On uzdigao na nebo, On je obećao da će se vratiti i sada Bog želi da Njegovi odabranici čekaju na povratak Mesije sa iskrenom verom.

Kada Mesija Isus Hrist dođe ponovo, On neće doći u zapuštenoj štali niti će morati da pati u kazni na krstu na način na koji je On već patio pre dve hiljade godina. Umesto toga, On će se pojaviti komandujući nad nebeskom vojskom i anđelima i vratiće se na ovaj svet kao Kralj kraljeva u slavi Božjoj koji će ceo svet videti.

Eno, ide s oblacima, i ugledaće Ga svako oko, i koji Ga probodoše; i zaplakaće za Njim sva kolena zemaljska. Da, zaista (Otkrivenje Jovanovo 1:7).

Kada suđeno vreme dođe, svi ljudi, vernici i isto i nevernici, će videti Gospodov povratak u vazduhu. Na taj dan, svi oni koji veruju Isusu kao Spasitelju celog čovečanstva biće uzdignuti gore u oblake i učestvovaće na Svadbenom banketu u vazduhu, ali oni drugi biće ostavljeni iza u žalosti.

Kako je Bog stvorio prvog čoveka Adama i kako je počela kultivacija čovečanstva, tome će svakako postojati kraj. Baš kao što seljak sadi seme i žanje žetvu, postojaće takođe i vreme žetve kultivacije čovečanstva. Božja kultivacija čovečanstva biće završena sa Drugim događajem Mesije Isusa Hrista.

Isus nam govori u Otkrivenju Jovanovom 22:7: „*Evo ću doći skoro. Blago onome koji drži reči proroštva knjige ove.*" Naše vreme su poslednji dani. U Njegovoj neizmernoj ljubavi za Izrael, Bog održava prosvetljenim Njegov narod kroz njihovu istoriju tako da bi oni mogli da prihvate Mesiju. Bog iskreno želi da ne samo Njegov odabrani Izrael već celo čovečanstvo primi Isusa Hrista pre kraja kultivacije čovečanstva.

Jevrejska Biblija, hrišćanima poznata kao Stari Zavet

Poglavlje 3

Bog u koga Izraelci veruju

Zakon i tradicija

Dok je Bog vodio Njegov odabran narod, Izrael, van Egipta i u obećanu zemlju Kana, On je sišao na vrh planine Sinaj. Onda je GOSPOD Bog pozvao Mojsija, vođu Izlaska, Sebi i rekao mu je da sveštenici treba da budu sami osveštani kada prilaze Bogu. U nastavku, Bog daje ljudima Deset Zapovesti i mnogo drugih zakona kroz Mojsija.

Kada je Mojsije zvanično ispričao i sve reči i naredbe od Boga ljudima, oni su odgovorili jednim glasom i rekli: *„Činićemo sve što je rekao Gospod“* (Izlazak 24:3). Ali dok je Mojsije bio na planini Sinaji u skladu sa pozivom Božjim, ljudi su dali Aronu da napravi tele i počinili su veliki greh u služenju idolu.

Kako je to mogao biti Božji odabran narod a da je počinio tako veliki greh? Svi ljudi još od Adama, koji su počinili greh u nepokornosti, su potomci Adama i svi su rođeni sa grešnom prirodom. Oni su primorani da greše pre nego što su postali posvećeni kroz pročišćavanje srca. Zbog toga je Bog poslao Njegovog jedinog Sina Isusa i kroz Isusovo razapeće On je otvorio kapiju kroz koju čovečanstvu može biti oprošteno od njihovih grehova.

Zašto je onda Bog dao narodu zakon? Deset Zapovesti koje je Bog dao njima kroz Mojsija, naredbe i uredbe su poznate kao zakon.

Kroz zakon Bog ih vodi u Zemlju u koju teče med i mleko

Razlog i namera da Bog daje ljudima izraela zakon o Izlasku iz Egipta je da bi oni mogli da uživaju u blagoslovima sa kojima mogu da uđu u zemlju Kana, zemlju u kojoj teče med i mleko. Ljudi su dobili zakon direktno od Mojsija ali oni nisu održali obećanje prema Bogu i počinili su mnogo grehova koje uključuju služenje idolu i preljubu. Na kraju, većina njih je umrla u svojim grehovima dok je živela u pustinji četrdeset godina.

Knjiga Ponovljenih Zakona zabeležena je po zadnjim rečima Mojsija i istražuje Božje zavete i zakone. Kada je većina prve generacije Izlazka izuzev Haleva i Isusa Navina umrla i kada je vreme u napuštanju naroda Izraela došlo, Mojsije je revnosno naređivao drugoj i trećoj generaciji Izlaska da vole Boga i da se povinuju Njegovim Zapovestima.

> *Sada, dakle, Izrailju, šta ište od tebe GOSPOD Bog tvoj, osim da se bojiš GOSPODA Boga svog, da hodiš po svim putevima Njegovim i da Ga ljubiš i služiš GOSPODU Bogu svom iz sveg srca svog i iz sve duše svoje, držeći zapovesti GOSPODNJE i uredbe*

Njegove, koje ti ja danas zapovedam, da bi ti bilo dobro? (Knjiga Ponovljenih Zakona 10:12-13)

Bog je dao njima zakon zato što je On želeo da se oni samovoljno tome povinuju iz srca i da potvrde njihovu ljubav za Boga kroz njihovu pokornost. Bog njima nije dao zakon da bi ih ograničio ili da bi ih na sve obavezao, već je On želeo da prihvati njihova srca u pokornosti i da im da blagoslove.

I neka ove reči koje ti je zapovedam danas budu u srcu tvom. I često ih napominji sinovima svojim, i govori o njima kad sediš u kući svojoj i kad ideš putem, kad ležeš i kad ustaješ. I veži ih sebi na ruku za znak, i neka ti budu kao počeonik među očima. I napiši ih na dovratnicima od kuće svoje i na vratima svojim (Knjiga Ponovljenog Zakonika 6:6-9).

Kroz ove stihove, Bog im govori kako da gaje zakon u njihovim srcima, uči ih kako da ga praktikuju. Kroz vekove, Božje zapovesti i uredbe napisane kao u pet knjiga Mojsijevih još uvek su zapamćene i zadržane ali usredsređenost u poštovanju zakona je spoljašnje izražena.

Zakon i tradicija vođa

Na primer, zakon zapoveda da se Sabat mora održavati svetim a starešine su uređivale mnogo detaljnije tradiciju koja je mogla da razvije poštovanje prema zapovestima kao što je zabrana korišćenja automatskih vrata, liftova i pokretnih stepeništa do otvaranja poslovnih pisama, putnih isprava i drugih paketa. Kako je tradicija starešina došla do toga?

Kada je Božji hram uništen i kada su ljudi Izraela bivali odvedeni u Vavilonsko ropstvo, oni su mislili da se to dogodilo zato što nisu uspeli da služe Bogu iz sveg srca. Oni su želeli da služe Bogu mnogo ispravnije i da primenjuju zakon u situacijama koje su se menjale kroz vreme, tako da su oni napravili mnogo jasne propise.

Ovi propisi su bili zasnovani sa ciljem da se služi Bogu celim srcem. Drugim rečima, oni su postavili mnogo jasne propise koji detaljišu svaki pogled života kako bi mogli da se pridržavaju zakona u svojim svakodnevnim životima.

Ponekad je jasan propis imao ulogu da zaštiti zakon. Ali, kako je vreme prolazilo oni su izgubili pravo značenje utisnuto u zakonu i pridali su veliku važnost u spoljašnjem izražavanju održavanog zakona. Na ovaj način oni su se udaljili od pravog značenja zakona.

Bog vidi i prihvata srce svakoga u održavanju zakona radije nego da pridaje važnost na spoljašnje izražavanje u održavanju zakona u delima. Tako da, On je postavio zakon kako bi tražio one koji Njega zaista poštuju i da da blagoslove onima koji se

Njemu povinuju. Iako se čini da su mnogi ljudi u Starom Zavetu održavali zakon, u isto vreme su postojali mnogi i koji su ga kršili.

> *„Ko je među vama koji bi zatvorio vrata ili zapalio oganj na mom oltaru nizašta? Niste mi mili, veli GOSPOD nad vojskama, i neću primiti dar iz vaše ruke“* (Malahija 1:10).

Kada su učitelji zakona i starešine klevetali Isusa i osuđivali Njegove učenike, to nije bilo zato što se Isus i Njegovi učenici nisu povinovali zakonu već zato što oni nisu poštovali tradiciju starešina. To je dobro opisano u Jevanđelju po Mateju.

> *Zašto učenici Tvoji prestupaju običaje starih? Jer ne umivaju ruke svoje kad hljeb jedu* (Jevanđelje po Mateju 15:2).

U ovo vreme, Isus im je rasvetljavao činjenicu da nisu zapovesti Božje narušene, već da je umesto toga tradicija starešina bila slomljena. Naravno, važno je da se pridržavamo u spoljašnosti zakona ali je daleko važnije da razumemo iskrenu volju Božju koja je utisnuta u zakonu.

I Isus im je odgovorio i njima rekao:

> *A On odgovarajući reče im: Zašto i vi prestupate zapovest Božju za običaje svoje? Jer Bog zapoveda*

govoreći: Poštuj oca i mater; i koji opsuje oca ili mater smrću da umre. A vi kažete: Ako koji reče ocu ili materi: „Prilog je čim bih ti ja mogao pomoći, može i da ne poštuje oca svog ili matere." I ukidoste zapovest Božju za običaje svoje (Jevanđelje po mateju 15:3-6).

U sledećim stihovima, Isus takođe govori:

Licemeri, dobro je za vas prorokovao Isaija govoreći: „Ovi ljudi približavaju se k meni ustima svojim, i usnama poštuju Me; a srce njihovo daleko stoji od Mene. No zaludu Me poštuju učeći naukama i zapovestima ljudskim" (Jevanđelje po Mateju 15:7-9).

Nakon što je Isus pozvao masu ljudi kod Njega, On im je rekao:

Slušajte i razumite. Ne pogani čoveka šta ulazi u usta; nego šta izlazi iz usta ono pogani čoveka (Jevanđelje po Mateju 15:10-11).

Deca Božja treba da poštuju njihove roditelje kao što je zapisano u Deset zapovesti. Ali Fariseji su učili ljude da deca koja su tu služe i poštuju roditelje sa svojom imovinom mogu biti oslobođena od dužnosti ako se izjasne da će njihova imovina biti ponuđena gore Bogu. Oni su napravili toliko temeljno propise u svakom pogledu na život do najsitnijeg detalja da Jevreji nisu mogli čak ni da se usude da se pridržavaju ovih tradicija starešina, oni su mislili da rade veoma dobro kao Božji odabranici.

Bog u koga Izrael veruje

Kada je Isus isceljivao na dan Sabata, Fariseji su ga optužili da krši dan Sabata. Jednog dana, Isus je ušao u sinagogu i video je čoveka koji stoji ispred Fariseja čija je ruka bila paralizovana. Isus je nameravao da ih probudi i ispituje, govorivši im sledeće:

> *Valja li u subotu dobro činiti ili zlo činiti?* (Jevanđelje po Marku 3:4)

> *Koji je među vama čovek koji ima ovcu jednu pa ako ona u subotu upadne u jamu neće je uzeti i izvaditi? A koliko je čovek pretežniji od ovce? Dakle valja u subotu dobro činiti* (Jevanđelje Po Mateju 12:11-12).

Pošto su Fariseji bili ranije ispunjeni ograničenim zakonom zasnovanim na tradicijom starešina i sebičnim mislima i životnim ponašanjem, oni ne samo da nisu uspeli da prepoznaju iskrenu volju Boga utisnutu u zakonu već nisu uspeli ni da prepoznaju Isusa, koji je došao na zemlju kao Spasitelj.

Isus im je često ukazivao i njima naređivao da se odvrate od pogrešnih nedela. On im je zamerao jer su oni zanemarili, promenili i površno posmatrali zakon koji im je On dao.

Teško vama književnici i Fariseji, licemeri! Što dajete desetak od metvice i od kopra i od kima, a ostaviste šta je najpretežnije u zakonu: pravdu i milost i veru; a ovo je trebalo činiti i ono ne ostavljati (Jevanđelje po Mateju 23:23).

Teško vama književnici i Fariseji, licemeri! Što čistite spolja čašu i zdelu a iznutra su pune grabeža i nepravde (Jevanđelje po Mateju 23:25).

Ljudi Izraela koji su bili pod kontrolom Rimskog carstva, imali su sliku u njihovim mislima da će Mesija doći za njih sa velikom moći i poštovanjem i da će Mesija moći da ih oslobodi od ruku tiranina i da će vladati nad svim rasama svih nacija.

U međuvremenu, čovek je rođen od drvodelje; družio se sa napuštenima, bolesnima i grešnicima; on je zvao Boga „Oče" i svedočio je da je On Svetlost sveta. Kada je prekoravao zbog grehova, one koji su održavali zakon po svom nahođenju i smatrali sebe pravednima, probadao ih je u srce i isekao njegovim rečima a oni su ga razapeli bez razloga.

Bog želi da mi imamo ljubav i oproštaj

Fariseji su se striktno pridržavali pravilima judaizma i mnogim dugogodišnjim običajima i tradicijama značajnim u njihovim životima. Oni su se ophodili prema poreznicima koji su radili za Rimsko carstvo kao prema grešnicima i izbegavali su ih.

Počev od Jevanđelja po Mateju 9:10 kaže se da se Isus odmarao za stolom u kući poreznika nazvanog Mateja i mnogi su poreznici i grešnici večerali sa Isusom i Njegovim učenicima. Kada su Fariseji videli ovo, oni su rekli Njegovim učenicima: „Zašto vaš Učitelj jede sa poreznicima i grešnicima?" Kada ih je Isus čuo kako osuđuju Njegove učenike, On im je objasnio o Božjem srcu. Bog daje Njegovu neiscrpnu ljubav i milost svakome ko se pokaje od njegovih grehova od srca i ko se odvrati od njih.

Jevanđelje po Mateju 9:12-13 nastavlja: „*Ali kada je Isus ovo čuo On je rekao: 'Ne trebaju zdravi lekara nego bolesni. Nego idite i naučite se šta znači: 'Milosti hoću, a ne priloga,' jer ja nisam došao da zovem pravednike no grešnike na pokajanje.'*"

Kada su nepobožni ljudi grada Ninevija dostigli nebo, Bog je hteo da uništi grad Nineviju. Ali pre nego što je to učinio, Bog je poslao Njegovog proroka Jona i dozvolio mu da se pokaje u njegovim grehovima. Ljudi su postili i u potpunosti su se pokajali u njihovim grehovima i Bog je odustao od Njegove odluke da ih uništi. Međutim, bili su to Fariseji oni koji su učili da svako ko prekrši zakon nema drugog izbora osim da mu bude suđeno. Najvažniji deo zakona je neizostavna ljubav i praštanje ali Fariseju su učili da osuđivanje nekoga je mnogo pravednije i vrednije nego da mu se oprosti sa ljubavi.

Na isti način, kada mi ne razumemo srce Boga koji nam je dao zakon, mi smo primorani da sudimo u svemu sa našim mislima i teorijama i te osude će se naći kao pogrešne protiv Boga.

Božja iskrena namera u davanju Zakona

Bog je stvorio nebesa i zemlju i sve u njima i stvorio je čoveka sa namerom da gaji iskrenu decu koja će ličiti na Njegovo srce. Sa ovom namerom Bog je rekao Njegovom narodu: *„zato se osvećujte i budite sveti, jer sam Ja svet“* (Levitski Zakonik 11:44). On nam tvrdi da se Njega bojimo kada nismo pobožni samo u nastupima već da postanemo besprekorni odbacivanjem zla iz naših srca.

U Isusovom vremenu, Fariseju i pisari su imali mnogo veći interes u ponudama i u delima istaknutim u zakonu više nego u posvećenju njihovih srca. Bog uživa u slomljenom i pokajničkom srcu više nego u žrtvama (Psalmi 51:16-17), tako da nam je On dao zakon da bi nam dozvolio da se pokajemo i da se odvratimo kroz zakon.

Božja iskrena volja utisnuta u zakonu Starog Zaveta

To ne znači da ljudi Izraela sa delima koja su posmatrana u zakonu nisu uključivali ni malo njihovu ljubav prema Bogu. Već važna stvar koju je Bog želeo da oni učine je da oni osvete srce i On ih je ozbiljno prekorio kroz Proroka Isaiju.

„Šta će mi mnoštvo žrtava vaših?" Veli GOSPOD. „Sit sam žrtava paljenica od ovnova i pretiline od gojene stoke, i ne marim za krv junčiju i jagnjeću i jareću. Kad dolazite da se pokažete preda mnom, ko ište to od vas, da gazite po Mom tremu? Ne prinosite više žrtve zaludne; na kad gadim se. A o mladinama i subotama i o sazivanju skupštine ne mogu podnositi bezakonja i svetkovine" (Isaija 1:11-13).

Pravo značenje u održavanju zakona ne sadrži spoljašnja dela već volju unutrašnjeg srca. Tako da, Bog ne uživa u mnogo brojnom posvećenju koja su ponuđena sa uobičajnim i površnim delima i ulascima u sveti sud. Bez obzira koliko su oni žrtava podneli u skladu sa zakonom, Bog ne uživa u njima zato što njihova srca nisu u skladu sa voljom Božjom.

Isto je i sa našim molitvama. U našim molitvama sama dela u molitvama nisu važna već stav u našim srcima je mnogo važniji. Pisci Psalma u Psalmima 66:18 kažu: *„Da sam video u srcu svom bezakonje, ne bi me uslišio GOSPOD."*

Bog dozvoljava da ljudi znaju kroz Isusa da On nije zadovoljan molitvama koje su dvolične ili samo da se pokažu, već samo iskrenim molitvama iz srca.

I kad se moliš Bogu, ne budi kao licemeri, koji rado po zbornicama i na raskršću po ulicama stoje i mole se da ih vide ljudi. Zaista vam kažem da su primili platu svoju. Zaista vam kažem: primili su platu svoju.

Na primer, u Jevanđelju po Mateju 6:6 čitamo: „A ti, kad se moliš, uđi u unutrašnju, tajnu sobu svoju, zatvori vrata svoja i moli se Ocu svom koji je u tajnosti, i Otac tvoj koji vidi šta je urađeno u tajnosti, nagradiće te (Jevanđelje po Mateju 6:5-6).

Isto se događa kada se mi pokajemo iz srca. Kada se mi pokajemo u našim grehovima, Bog želi da ne cepamo našu odeću i da jecamo u pepelu već da rastrgnemo naša srca i da se iz srca pokajemo od naših grehova. Dela u pokajanju sama i nisu važna i kada se mi pokajemo u našim grehovima od srca i okrenemo se od njih, Bog prihvata takvo pokajanje.

„Zato još govori GOSPOD: Obratite se k Meni svim srcem svojim i posteći i plačući i tužeći. I razderite srca svoja, a ne haljine svoje, i obratite se ka GOSPODU Bogu svom, jer je milostiv i žalostiv, spor na gnev i obilan milosrđem i kaje se oda zla“ (Joil 2:12-13).

Drugim rečima, Bog želi da prihvati srce izvršioca zakona radije nego sama dela u održavanju zakona. Ovo je opisano kao „preobraćenje srca“ u Bibliji. Mi možemo da preobratimo naša tela tako što ćemo iseći meso, dok možemo da preobratimo kožu u srcu tako što ćemo preseći srce.

Preobraćenje srca kakvo Bog želi

Na šta se do detalja odnosi preobraćenje srca? To se odnosi na „isecanje i bacanje svih vrsta zla i grehova uključujući ljutnju, ljubomoru, preku narav, loša osećanja, preljubu, obmanu, prevaru, osudu i presudu iz srca." Kada vi isečete grehove i zlo iz srca i držite se zakona, Bog to prihvata kao savršeno povinovanje.

> *Obrežite se GOSPODU, i skinite okrajak sa srca svog, Judejci i Jerusalimljani, da ne iziđe jarost moja kao oganj i razgori se da ne bude nikoga ko bi ugasio za zla dela vaša, čišćenje srca znači odseći kožu sa vašeg srca* (Jeremija 4:4).

> *Zato obrežite srce svoje, i nemojte više biti tvrdovrati* (Ponovljeni Zakon 10:16).

> *Misirce i Judejce i Edomce i sinove Amonove i Moavce i sve koji se s kraja strižu, koji žive u pustinji; jer su svi ti narodi neobrezani, i sav je dom Izrailjev neobrezanog srca* (Jeremija 9:26).

> *I obrezaće GOSPOD Bog tvoj srce tvoje i srce semena tvog, da bi ljubio GOSPODA Boga svog iz svega srca svog i iz sve duše svoje, da budeš živ* (Ponovljeni Zakon 30:6).

Prema tome, Stari Zavet nam često naređuje da probratimo naše srce, jer samo oni koji preobrate njihovo srce mogu da vole Boga svim svojim srcem i svom svojom dušom.

Bog želi da Njegova deca budu sveta i savršena. U Postanku 17:1, Bog govori Avramu da bude „bezgrešan," a u Levitskom Zakoniku 19:2, On naređuje ljudima Izraela da budu „sveti."

Jevanđelje po Jovanu 10:35 kaže: *„Ako one nazva bogovima kojima reč Božija bi, i pismo se ne može pokvariti;"* i 2. Petrova Poslanica 1:4 kaže: *„Kroz koje se nama darovaše časna i prevelika obećanja, da njih radi imate deo u Božjoj prirodi, ako utečete od telesnih želja ovog sveta."*

U Starom Zavetu oni su bili spašeni kroz dela u kojima su se držali zakona, dok u Novom Zavetu mi možemo biti spašeni kroz veru u Isusa Hrista koji je ispunio zakon sa ljubavlju.

Spasenje kroz dela, za vreme Starog Zaveta bilo je moguće kada su imali grešnu želju da ubiju, mrze, počine preljubu i laž, ali ih nisu počinili u delima. U vremenima Starog Zaveta Sveti Duh nije boravio u njima i oni nisu mogli da odbace grešne želje sa sopstvenom snagom. Tako da kada oni nisu u spoljašnosti počinili grehove u delima, oni nisu bili smatrani grešnicima.

Međutim, u Novom Zavetu, mi možemo da dostignemo spasenje samo kada preobratimo naša srca sa verom. Sveti Duh nam dozvoljava da vidimo greh, pravednost i osudu i pomaže nam da živimo po reči Božjoj, tako da mi možemo da odbacimo neistinu i grešnu prirodu i preobratimo naša srca.

Spasenje kroz veru u Isusa Hrista nije samo dato onome koji zna i veruje da je Isus Hrist Spasitelj. Samo kada mi odbacimo zli oblik srca zato što volimo Boga i hodamo u veri, volja Božja će to smatrati da je to iskrena vera i vodiće nas ne samo da ispunimo spasenje već i ka putu do neverovatnih odgovora i blagoslova.

Kako udovoljiti Bogu

Sasvim je prirodno da Božje dete ne treba da greši u delima. Takođe je normalno za njega da odbaci neistinu i grešne želje iz srca i da liči na svetost Božju. Ako vi ne činite grehove u delima a gajite grešna dela u sebi koja Bog ne želi, vi ne možete biti smatrani pravednim od Boga.

Zato je napisano u Jevanđelju po Mateju 5:27-28: *„Čuli ste kako je kazano starima: 'Ne čini preljube.' A Ja vam kažem da svaki koji pogleda na ženu sa željom, već je učinio preljubu u srcu svom.“*

I rečeno je u 1. Jovanovoj Poslanici 3:15: *„Svaki koji mrzi na brata svog je ubica; i znate da nijedan ubica nema u sebi večni život.“* Ovaj stih nam naređuje da se otarasimo mržnje iz srca.

Kako vi treba da se ponašate prema vašim neprijateljima koji vas mrze u skladu sa tim da udovoljava te volji Božjoj?

Zakon Starog Zaveta nam govori: „Oko za oko [i] zub za zub.“ Drugim rečima, zakon kaže: *„Kako ošteti telo čoveku, onako* *da mu se učini"* (Levitski Zakonik 24:20). To je bilo da se spreči povreda ili da se izazove šteta drugima sa striktnim pravilima. To je zato što Bog zna da čovečanstvo želi da vrati mnogo više od onoga što mu je naneto u njegovoj nepobožnosti.

Kralj David je smatran za osobu koja je bila poput srca Božjeg. Kada je kralj Saul hteo da ga ubije, David nije uzvratio nikakvim zlom za mnoga zla kralja Saula već se ponašao prema njemu sa dobrotom do poslednjeg momenta. David je video iskreno značenje utisnuto u zakonu i živeo je samo po reči Božjoj.

> *Ne budi osvetljiv, i ne nosi srdnju na sinove naroda svog; nego ljubi bližnjeg svog kao sebe samog; ja sam Gospod* (Levitski Zakonik 19:18).

> *Kad padne neprijatelj tvoj, nemoj se radovati, i kad propadne, neka ne igra srce tvoje* (Poslovice 24:17).

> *Ako je gladan nenavidnik tvoj, nahrani ga hleba, i ako je žedan napoj ga vode* (Poslovice 25:21).

> *Čuli ste da je kazano: „Ljubi bližnjeg svog, i mrzi na neprijatelja svog." Ali Ja vam kažem, volite svoje neprijatelje i molite se za one koji vas proganjaju* (Jevanđelje po Mateju 5:43-44).

U skladu sa stihovima iznad, ako vi hoćete da se držite zakona a niste oprostili osobi koja vam je uzrokovala nevolje, Bog nije onda zadovoljan vama. To je zato što nam je Bog rekao da volimo naše neprijatelje. Kada se držite zakona i kada to činite sa srcem koje Bog želi da imate, vi možete da se smatrate da ćete se u potpunosti povinovati reči Božjoj.

Zakon, znak Božje ljubavi

Bog ljubavi želi da nam da beskonačne blagoslove ali zato što je On Bog pravde, On nema drugi izbor nego da nas preda đavolu sve dok činimo grehove. Zbog toga neki vernici u Boga pate od bolesti i susreću se sa nesrećama i katastrofama kada ne žive po reči Božjoj.

Bog je nama dao mnogo zapovesti Božjih u Njegovoj ljubavi da bi nas zaštitio ot takvih iskušenja i bolova. Koliko saveta daju roditelji svojoj deci da bi ih zaštitili od bolesti i nesreća?

„Operi ruke kada se vratiš kući."
„Operi zube posle jela."
„Gledaj levo i desno kada prelaziš ulicu."

Na isti način, Bog nam je rekao da se držimo Njegovih zapovesti i zakona za naše dobro u Njegovoj ljubavi (Ponovljeni Zakon 10:13). Održavanje i praktikovanje reči Božje je kao lampa na našem životnom putu. Bez obzira koliko je mračno, mi možemo bezbedno da hodamo suđenim putem sa lampom ali na isti način, kada je Bog koji je svetlost sa nama, mi možemo biti zaštićeni i da uživamo u privilegiji i blagoslovima kao deca Božja.

Koliko je zadovoljan Bog kada On štiti Njegovu decu koja se pokoravaju Njegovoj reči sa Njegovim svetlim očima i daje im sve što oni traže! Shodno tome, ova deca mogu da promene njihova srca u čista i ona dobra i mogu da liče na Boga onoliko koliko su pokorni reči Božjoj i mogu da osete dubinu Božje ljubavi i mogu još više Njega da vole.

Prema tome, zakon koji nam je Bog dao je kao udžbenik ljubavi koji nam predstavlja smer ka blagoslovima za nas koji smo pod Božjom kultivacijom na zemlji. Zakon Božji nama ne donosi teret već nas štiti od svih vrsta nesreća na ovom svetu u kojem neprijatelj đavo i Sotona vladaju i vodi nas ka putu blagoslova.

Isus je ispunio zakon sa ljubavlju

U Ponovljenom zakonu 19:19-21, mi možemo naići da u vremenu Starog Zaveta kada bi ljudi počinili greh sa njihovim očima, njihove oči bi bile iščupane. Kada bi zgrešili sa njihovim rukama ili nogama, onda bi njihove ruke ili noge bile isečene. Kada bi ubili ili počinili preljubu, oni bi bili kamenovani do smrti.

Zakon duhovnog kraljevstva nam govori da rezultat naših grehova jeste smrt. Zbog toga je Bog ozbiljno kaznio one koji su činili neoprostive grehove i prema tome On je želeo da upozori mnoge druge ljude da ne čine iste grehove.

Ali Bog ljubavi nije bio u potpunosti zadovoljan verom sa kojom su se oni zaglavili u zakonu i rekao je: „Oko za oko i zub za zub." Umesto toga On je istaknuo ponovo i ponovo u Starom zavetu da oni moraju da preobrate njihova srca. On nije želeo da Njegov narod oseća bol zbog ovog zakona, tako da kada je došlo vreme On je poslao Isusa na zemlju i Njemu je dozvolio da ponese sve grehove čovečanstva i da ispuni zakon sa ljubavi.

Bez Isusovog razapeća, mi bi imali naše ruke i noge isečene kada bi počinili greh sa našim rukama i nogama. Ali Isus je uzeo krst i prolio Njegovu dragocenu krv i imao je probijene Njegove ruke i noge sa ekserima kako bi oprao naše grehove koje smo mi počinili sa rukama i nogama. Sada mi ne moramo da odsečemo naše ruke i noge zbog ove velike ljubavi Božje.

Isus, koji je jedan sa ljubavi Božjom, došao je dole na zemlju i ispunio je zakon sa ljubavi. Isus je živeo životom za primer u održavanju svih zakona Božjih.

Čak iako se On u potpunosti pridržavao zakona, međutim On nije osuđivao one koji su pali u držanju zakona govoreći im: „Ti si prekršio zakon i na putu si ka smrti." Umesto toga, On je učio ljude istini danju i noću kako bi mogla čak i jedna jedina duša da se pokaje u svojim grehovima i dostigne spasenje i bez prestanka On je činio i isceljivao i oslobađao one koji su bili vezani za bolesti, slabosti i opsednuti demonima.

Isusova ljubav bila je izuzetno prikazana kada je žena uhvaćena u preljubi bila uhvaćena i dovedena ispred Isusa od strane pisara i Fariseja. U 8. Poglavlju jevanđelja po Jovanu, pisari i Fariseji doveli su ženu do Njega i pitali su Ga, govoreći: „*A*

Mojsije nam u zakonu zapovedi da takve kamenjem ubijamo; a ti šta veliš?" (stih 5) A Isus je onda odgovorio: *„Koji je među vama bez greha neka najpre baci kamen na nju"* (stih 7).

Postavljajući njima ovo pitanje, On je nameravao da ih probudi da ne samo žena nego i oni sami, koji su je optuživali zbog njene preljube i pokušavali da nametnu optužbe prema Isusu, shvate da su isti grešnici ispred Boga i da niko ne sme da se usudi da optuži onog drugog. Kada su ljudi ovo čuli, oni su osetili grižu savesti u njihovim mislima i odlazili su jedan po jedan, počevši od najstarijeg pa sve do poslednjeg. I Isus je ostavljen sam a žena je stajala u sredini.

Isus nije video nikoga osim žene i njoj je rekao: *„Ženo, gde su oni što te tužahu? Nijedan te ne osudi?"* (stih 10) Ona reče: *„Nijedan, Gospode!"* I Isus je njoj rekao: *„Ni ja te ne osuđujem. Idi. I odsele više ne greši"* (stih 11).

Kada je žena bila dovedena i kada je njen neoprostiv greh bio otkriven, u njoj je nadvladavao veliki strah. Tako da, kada joj je Isus oprostio, možete li da zamislite koliko je ona suza prolila u dubokim emocijama i zahvalnosti! Kada bi se god setila ovog oproštaja i ljubavi Isusa, ona se ne bi usudila da prekrši ponovo zakon niti da opet počini greh. Ovo se ostvarilo zato što se srela sa Isusom koji je ispunio zakon sa ljubavi.

Isus je ispunio zakon sa ljubavi ne samo za ovu ženu već takođe i za sve ljude. On nije štedio Njegov život i položio Njegov život za nas grešnike na krstu sa srcem roditelja koji ne štede svoje svoje živote da bi spasili svoju decu koja se dave.

Isus je bio nevin i neukaljan i jednorodni Sin Božji ali je izdržao sve nezamislive bolove, prolio je svu Njegovu krv i vodu i položio je Svoj život na krstu za nas grešnike. Njegovo razapeće je bilo najdirljiviji momenat u ispunjavanju najveće ljubavi kroz istoriju čovečanstva.

Kada ova moć Njegove ljubavi bude iznad nas, mi ćemo dobiti snagu da u potpunosti održimo zakon i moći ćemo da ispunimo zakon sa ljubavi baš kao što je to i Isus uradio.

Da Isus nije ispunio zakon sa ljubavlju već da je umesto toga osuđivao i optuživao svakoga samo po zakonu i da je okrenuo Njegov pogled od grešnika, koliko mnogo ljudi bi bilo spašeno na ovom svetu? Kao što je napisano u Bibliji: „*Ni jednog nema pravednog*" (Poslanica Rimljanima 3:10), niko ne bi bio spašen.

Zbog toga, Božja deca kojima je oprošteno od grehova sa velikom ljubavlju od Boga ne treba samo da Njega vole održavajući Njegove zapovesti sa pokornim srcem već treba da vole i svoje komšije kao same sebe i da njima služe i opraštaju im.

Oni koji osuđuju i optužuju druge sa zakonom

Isus je ispunio zakon sa ljubavlju i postao je Spasitelj za celo čovečanstvo ali šta su Fariseji, pisari i učitelji zakona učinili? Oni su insistirali na održavanju zakona u delima radije nego da su preobratili njihova srca kao što je Bog želeo ali oni su mislili da su u potpunosti održavali zakon. Pored toga, oni nisu praštali onima koji se nisu pridržavali zakona već su ih osuđivali i optuživali su ih.

Ali naš Bog nikada ne želi da sudimo i da optužujemo druge bez milosti i ljubavi. Niti On želi da osećamo bol u pridržavanju zakona bez da iskusimo ljubav Božju. Ako se mi pridržavamo zakona a padnemo u nerazumevanju srca Božjeg i padnemo u tome što to činimo bez ljubavi, to nam ne donosi ništa.

> *I ako imam proroštvo i znam sve tajne i sva znanja, i ako imam svu veru da i gore premeštam, a ljubavi nemam, ništa sam. I ako razdam sve imanje svoje, i ako predam telo svoje da se sažeže, a ljubavi nemam, ništa mi ne pomaže* (1. Poslanica Korinćanima 13:2-3).

Bog je ljubav i On se raduje i blagoslovi nas kada mi činimo sa ljubavlju. U Isusovo vreme Fariseji nisu uspeli da poseduju ljubav u njihovim srcima kada su se pridržavali zakona i to njima nije ništa doprinelo. Oni su osuđivali i optuživali druge sa znanjem zakona i to im je doprinelo da se udalje od Boga i rezultiralo je razapeće Sina Božjeg.

Kada vi razumete iskrenu volju Božju utisnutu u zakonu

Čak i u vremenima Starog Zaveta, postojali su veliki očevi vere koji su razumeli iskrenu volju Boga u zakonu. Očevi vere uključujući Avrama, Josifa, Mojsija, Davida i Iliju nisu se samo pridržavali zakona već su davali sve od sebe da postanu iskrena deca Božja revnosnim preobraćenjem njihovih srca.

Međutim, kada je Isus bio poslat kao Mesija od Boga da bi Jevrejima pokazao ko je Bog Avramov, Bog Isakov i Bog Jakovljev, oni nisu mogli da Njega prepoznaju. To je zato što su oni bili zaslepljeni sa okvirima tradicije vođa i delima u pridržavanju zakona.

Da bi posvedočio da je On Sin Božji, Isus je izvodio veličanstvena čuda i neverovatne znakove koji su bili mogući samo uz moć Božju. Ali oni nisu mogli niti da prepoznaju niti da prime Isusa kao Mesiju.

Ali bilo je drugačije onim Jevrejima koji su imali dobra srca. Kada su oni slušali Isusove poruke, oni su verovali u Njega i kada su videli čudesne znakove koje je Isus izvodio, oni su verovali da je Bog bio sa Njim. U 3. Poglavlju Jevanđelja po Jovanu, Farisej nazvan „Nikodim“ došao je do Isusa jedne noći i rekao Mu je sledeće.

> *Znamo da si ti učitelj od Boga došao; jer niko ne može čudesa ovih činiti koja ti činiš ako nije Bog s njim* (Jevanđelje po Jovanu 3:2).

Bog ljubavi čeka na povratak Izraela

Zašto onda većina Jevreja nije uspela da prepozna Isusa koji je došao na zemlju kao Spasitelj? Oni su napravili okvire u zakonu u njihovim sopstvenim mislima verujući da su oni voleli i služili Bogu i nisu bili voljni da prihvate stvari koje su se razlikovale od njihovih okvira.

Sve dok nije sreo Gospoda Isusa, Pavle je čvrsto verovao da potpuno pridržavanje i tradicija vođa jeste bila ljubav i služenje Bogu. Zbog toga on nije prihvatio Isusa kao Spasitelja već je umesto toga Njega osuđivao i Njegove vernike. Nakon što je sreo vaskrslog Gospoda Isusa na putu za Damask, njegovi okviri su se u potpunosti slomili u delove i on je postao apostol njegovog Gospoda, Isusa Hrista. Od tog vremena pa na dalje, on bi čak i život svoj dao za Gospoda.

Ova želja da održi zakon je najdublje biće Jevreja i jaka tačka Božjeg odabira Izraela. Prema tome, čim oni shvate Božju iskrenu volju utisnutu u zakonu, oni će moći da vole Boga još više od drugih ljudi ili rase i biće predani Bogu u njihovim životima.

Kada je Bog poveo ljude Izraela van Egipta, On im je dao zakone i zapovesti kroz Mojsija i rekao im je da zaista On želi da to učine. On je obećao njima da ako vole Boga, preobrate njihova srca i žive u skladu sa Njegovom voljom, da će On biti uz njih i da će im On dati neverovatne blagoslove.

I obratiš se ka GOSPODU Bogu svom i poslušaš glas Njegov u svemu što ti ja zapovedam danas, ti i sinovi tvoji, iz svega srca svog i iz sve duše svoje, tada će GOSPOD Bog tvoj povratiti roblje tvoje i smilovaće se na tebe, i opet će te sabrati između svih naroda, po kojima te bude rasejao GOSPOD Bog tvoj. Ako bi ko tvoj i na kraj sveta zagnan bio, otuda će te opet sabrati GOSPOD Bog tvoj i otuda te uzeti. I odvešće te opet GOSPOD Bog tvoj u zemlju koju behu nasledili oci tvoji, i nasledićeš je, i učiniće ti dobro i umnožiće te većma nego oce tvoje. I obrezaće GOSPOD Bog tvoj srce tvoje i srce semena tvog, da bi ljubio GOSPODA Boga svog iz svega srca svog i iz sve duše svoje, da budeš živ. A sve kletve ove obratiće GOSPOD Bog tvoj na neprijatelje tvoje i na nenavidnike tvoje, koji su te gonili. A ti kad se obratiš i staneš slušati glas GOSPODA Boga svog i tvoriti sve zapovesti Njegove, koje ti ja danas zapovedam (Ponovljeni Zakon 30:2-8).

Kao što je Bog obećao Njegovom odabranom narodu Izraelu u ovim stihovima, On će okupiti Njegov narod koji je rasut po celom svetu i pustiće ih da povrate svoju zemlju u nekoliko hiljada godina i postaviće ga iznad svih nacija na zemlji. Bez obzira na to, Izrael nije uspeo da prepozna Božju veliku ljubav kroz razapeće i Njegovo neverovatno proviđenje i kultivaciju čovečanstva već i dalje prati dela u pridržavanju zakona i tradiciju vođa.

Bog ljubavi iskreno želi i čeka na njih da povrate njihovu krivu veru i da se promene i da postanu iskrena deca što je pre moguće. Najpre, oni moraju da otvore njihova srca i da prihvate Isusa koji je bio poslat od Boga kao Spasitelja celog čovečanstva i da dobiju oproštaj od njihovih grehova. Sledeće, oni moraju da shvate iskrenu volju Boga datu kroz zakon i da poseduju iskrenu veru revnosnim održavanjem reči Božje kroz preobraćenje njihovih srca tako da mogu da dostignu potpuno spasenje.

Ja se najiskrenije molim da će Izrael povratiti izgubljenu sliku Boga kroz veru koja udovoljava Bogu i da će postati Njegova iskrena deca kako bi mogli da uživaju u svim blagoslovima koje je Bog obećao i da borave u slavi i večnim nebesima.

Kupola od kamena, islamska džamija smeštena u svetom gradu Jerusalimu

Poglavlje 4

Gledaj i slušaj!

Pred kraj svetskog vremena

Biblija nam jasno objašnjava o oboma i početku istorije čovečanstva i njenom kraju. Za nekoliko hiljada godina, Bog nam je rekao kroz Bibliju o Njegovoj istoriji ljudske kultivacije. Istorija je počela sa prvim čovekom na zemlji, Adamom i doći će do kraja sa Gospodovim Drugim Dolaskom u vazduhu.

Po Božjem satu u istoriji kultivacije čovečanstva, koliko je sada sati i koliko je dana još ostalo i vremena dok sat ne zazvoni za konačan momenat ljudske kultivacije? Sada, dozvolite nam da razmotrimo kako je to Bog ljubavi planirao i kako je postavio Njegovu volju da povede Izrael na put spasenja.

Ispunjenje proročanstva Biblije na putu ljudske istorije

Postoje mnogo proroka u Bibliji i svi oni su reči Svemogućeg Boga Stvoritelja. Kao što je rečeno u Isaiji 55:11: „*Tako će biti reč Moja kad izađe iz mojih usta: neće se vratiti k Meni prazna, nego će učiniti šta Mi je drago, i srećno će svršiti na šta je pošaljem,*" Božje reči su bile precizno ispunjene do sada i svaka reč će biti ispunjena.

Istorija Izraela svakako potvrđuje da su proročanstva iz Biblije u potpunosti ispunjena bez i najmanje greške. Istorija

Izraela je ostvarena samo u skladu sa proročanstvima zapisanim u Bibliji: Izraelskih 400. godina ropstva u Egiptu i Izlazak; njihov ulazak u zemlju Kana u kojoj teče med i mleko; njihovo kraljevstvo podeljeno na dva dela – Izrael i Judeja i njihovo uništenje; Vavilonsko ropstvo; Izraelci se vraćaju kući; rođenje Mesije, Mesijevo razapeće; Izraelsko uništenje i rasutost po svim nacijama i Izraelsko uspostavljanje kao nacija i nezavisnost.

Istorija čovečanstva je pod kontrolom Svemogućeg Boga i kada bi god On ispunio nešto važno, On bi predskazao čoveku Božjem šta će se dogoditi (Amos 3:7). Bog je predskazao Noji, čoveku koji je bio pravedan i bezgrešan u njegovo vreme, da će Veliki potop uništiti celu zemlju. On je rekao Avramu da će gradovi Sodoma i Gomora biti uništeni i dozvolio je proroku Danilu i Apostolu Jovanu da znaju šta će se dogoditi na kraju svetskog vremena.

Većina od ovih proročanstva zapisanih u Bibliji su u potpunosti ispunjavana i proročanstva koja tek treba da budu ispunjena su Gospodov Drugi Dolazak i nekoliko stvari koje će tome prethoditi.

Znaci o kraju veka

Danas bez obzira koliko ozbiljno mi objašnjavamo da je sada kraj vremena, mnogo ljudi ne žele u tu da veruju. Umesto to da prihvate, oni misle da su oni koji pričaju o kraju vremena nastrani i pokušavaju da izbegnu da ih slušaju. Oni misle da će sunce izlaziti i zalaziti, ljudi će se rađati i umiraće i civilizacija će se nastaviti kao što i jeste uvek u prošlosti.

Biblija beleži o ovome u vezi kraja vremena: „*I ovo znajte najpre da će u poslednje dane doći rugači koji će živeti po svojim željama, i govoriti: 'Gde je obećanje dolaska njegovog? Jer otkako oci pomreše sve stoji tako od početka stvorenja'*" (2. Petrova Poslanica 3:3-4).

Kada god je čovek rođen, on ima vremena da takođe i umre. Na isti način, baš kao što ima i početak, ljudska istorija takođe ima i kraj. Kada vreme koje je određeno od Boga dođe, sve stvari će na ovoj zemlji doći do kraja.

> *A u to će se vreme podignuti Mihailo, veliki knez, koji brani tvoj narod. I biće žalosno vreme, kakvog nije bilo otkako je naroda do tada; i u to će se vreme izbaviti tvoj narod, svaki koji se nađe zapisan u knjizi. I mnogo onih koji spavaju u prahu zemaljskom probudiće se, jedni na život večni, a drugi na sramotu i prekor večni. I razumni će se sjati kao svetlost nebeska, i koji mnoge privedoše k pravdi, kao zvezde vazda i doveka. A ti Danilo zatvori ove reči i zapečati ovu knjigu do poslednjeg vremena; mnogi će pretraživati, i znanje će se umnožiti* (Danilo 12:1-4).

Kroz proroka Danila, Bog je prorokovao šta će se dogoditi na kraju vremena. Neki ljudi kažu da su proročanstva kroz

Danila već ispunjena u protekloj istoriji. Ali proročanstvo će u potpunosti biti ispunjeno u zadnjem momentu istorije čovečanstva i u potpunosti je u skladu sa znakovima o poslednjim danima sveta zapisanih u Novom Zavetu.

Ovo proročanstvo Danila je u odnosu sa Drugim Dolaskom Gospoda. Stih 1. koji govori: „*I biće žalosno vreme, kakvog nije bilo otkako je naroda do tada; i u to će se vreme izbaviti tvoj narod, svaki koji se nađe zapisan u knjizi,*" objašnjava nam o Sedam godina velikog stradanja koje će se dogoditi na kraju vremena sveta i o pabirčenom spasenju.

A druga polovina stiha 4. koja kaže: „*mnogi će pretraživati, i znanje će se umnožiti,*" objašnjava svakodnevni život kojim žive ljudi danas. Definitivno, ova proročanstva Danila se ne odnose na uništenje Izraela koje se dogodilo 70. godine posle Hristovog rođenja već na znakove o kraju vremena.

Isus je govorio Njegovim učenicima o znakovima o kraju vremena do detalja. U Jevanđelju po Mateju 24:6-7, 11-12, On govori: „*Čućete ratove i glasove o ratovima. Jer će ustati narod na narod i carstvo na carstvo; i biće gladi i pomori, i zemlja će se tresti po svetu. I izići će mnogi lažni proroci i prevariće mnoge. I što će se bezakonje umnožiti, ohladneće ljubav mnogih.*"

Danas, kakva je situacija u svetu? Mi čujemo vesti o ratovima i glasine o ratovima i terorizam raste iz dana u dan. Nacije se bore jedne protiv drugih i kraljevstva se dižu jedna protiv drugih.

Postoje velike nestašice i zemljotresi. Postoje brojne druge vrste prirodnih katastrofa i katastrofe uzrokovane neobičnim vremenskim uslovima. Šta više, bezakonje preovladava sve više svetom, grehovi i zloba su uzele su maha širom sveta i ljudska ljubav je postala hladna.

Isto je zapisano i u drugoj Timotijevoj Poslanici.

> *Ali ovo znaj da će u poslednje dane nastati vremena teška. Jer će ljudi postati samoživi, srebroljupci, hvališe, ponositi, hulnici, nepokorni roditeljima, neblagodarni, nepravedni, neljubavni, neprimirljivi, opadači, neuzdržnici, besni, nedobroljubivi, izdajnici, nagli, naduveni, koji više mare za slasti nego za Boga, koji imaju obličje pobožnosti, a sile su se njene odrekli; I ovih se kloni* (2. Timotiju Poslanica 3:1-5).

Danas ljudi ne vole dobre stvari već vole novac i zadovoljstva. Oni traže svoju sopstvenu korist i čine užasne grehove koja uključuju ubistva ili podmetanje požara bez ustezanja i savesti. Ove stvari se previše događaju i mnoge stvari poput ovih se događaju okolo nas da ljudska srca postaju neverovatno mnogo umrtvljena do te mere da ništa više može da iznenadi većinu ljudi. Videvši sve ove stvari, mi ne možemo da poreknemo da kurs ljudske kultivacije ide zaista ka kraju vremena.

Čak nam i istorija Izraela nagoveštava znakove o Drugom

dolasku Gospoda i o kraju sveta.

Jevanđelje po Mateju 24:32-33 kaže: „*Od smokve naučite se priči: kad se već njene grane pomlade i ulistaju, znate da je blizu leto. Tako i vi kad vidite sve ovo, znajte da je On blizu, na vratima.*“

Smokvino drvo ovde se odnosi na Izrael. Drvo izgleda mrtvo u zimu ali kada dođe proleće, ono niče ponovo i njegove grane rastu i daju zeleno lišće. Slično tome, još od Izraelovog uništenja koje se dogodilo 70. godine posle Hristovog rođenja, Izrael je izgledao kao da je u potpunosti nestao nekih dve hiljada godina ali kada je Božje odabrano vreme došlo, ona se izjasnila kao nezavisna i Izrael je proglašen za državu Maja 14. 1948. godine.

Ono što je mnogo važnije je da nezavisnost Izraela ukazuje na to da je Drugi dolazak Isusa Hrista veoma blizu. Prema tome, Izrael treba da shvati da je Mesija, na koga oni još uvek čekaju, došao na zemlju i postao Spasitelj celog čovečanstva pre 2000. godina i da se sete da će Spasitelj Isus doći na zemlju kao sudija pre ili kasnije.

Šta će se tada dogoditi nama koji živimo u poslednjim danima u skladu sa proročanstvom Biblije?

Gospodovo pojavljivanje u vazduhu i oduševljenje

Pre 2000. godina Isus je bio razapet i vaskrsao je trećeg dana slomivši moć smrti i nakon toga On je bio odveden gore na nebo i mnogi prisutni ljudi su bili svedoci Njegovog uzdizanja.

> *Ljudi Galilejci! Šta stojite i gledate na nebo? Ovaj Isus koji se od vas uze na nebo tako će doći kao što videste da ide na nebo* (Dela Apostolska 1:11).

Gospod Isus Hrist je otvorio kapiju spasenja za čovečanstvo kroz Njegovo razapeće i vaskrsenje i onda se uzdigao na nebo i seo je sa desne strane prestola Božjeg i počeo je da priprema mesto boravka za one koji su bili spašeni. I kada se istorija čovečanstva završi, On će doći ponovo da nas povede nazad. Njegov Drugi dolazak je dobro opisan u 1. Poslanici Solunjanima 4:16-17.

> *Jer će sam Gospod sa zapovešću, sa glasom Arhanđelovim, i s trubom Božjom sići s neba; i mrtvi u Hristu vaskrsnuće najpre. A potom mi živi koji smo ostali, zajedno s njima bićemo uzeti u oblake na susret Gospodu na nebo, i tako ćemo svagda s Gospodom biti.*

Kakav će to veličanstveni prizor biti kada Gospod dođe dole iz vazduha na oblacima slave u pratnji sa brojnim anđelima i nebeskim vojskom! Oni koji su bili spašeni će obući neuništiva duhovna tela i srešće Gospoda u vazduhu i proslavljaće Sedmogodišnji svadbeni banket zajedno sa Gospodom našim večnim mladoženjom.

Oni koji su bili spašeni će biti uzdignuti na nebo i srešće se sa Gospodom koji je nazvan „Oduševljenje." Kraljevstvo vazduha se odnosi na drugo nebo koje je Bog pripremio ua Sedmogodišnji svadbeni banket.

Bog je podelio duhovno kraljevstvo na nekoliko mesta i jedno od njih je drugo nebo. Drugo nebo je podeljeno da dva dela – Edem koji je svet svetlosti i svet tame. U delu koji je svet svetlosti je posebno mesto pripremljeno za Sedmogodišnji svadbeni banket.

Ljudi koji su sebe ukrasili sa verom da bi dostigli spasenje na ovom svetu punom grehova i zla, biće uzdignuti gore u vazduh kao mlade Gospoda i onda će sresti Gospoda i uživaće tamo na svadbenom veselju sedam godina.

> *Da se radujemo i veselimo, i da damo slavu Njemu; jer dođe svadba Jagnjetova, i žena Njegova pripravila se. I dano joj bi da se obuče u svilu čistu i belu: jer je svila pravda svetih. I reče mi: Napiši: „Blago onima koji su pozvani na večeru svadbe Jagnjetove." I reče mi: „Ove su reči istinite Božije"* (Otkrivenje Jovanovo 19:7-9).

Oni koji će biti uzdignuti gore u vazduhu osećaće se ugodno zato što su prevazišli svet sa verom za vreme Svadbenog banketa sa Gospodom, dok će oni koji neće biti uzdignuti u vazduhu patiti u neopisivoj patnji u nevoljama zlih duhova jer su izbačeni na zemlju za vreme Drugog dolaska Gospoda u vazduhu.

Sedam godina velikog stradanja

Dok oni koji su bili spašeni uživaju u Sedmogodišnjem svadbenom banketu u vazduhu i sanjaju o srećnom i večnom nebu, velika nevolja koja je nenadmašna u istoriji čovečanstva, prekriće celu zemlju i dogodiće se strašne stvari.

Kako će onda Veliko sedmogodišnje stradanje početi? Pošto će naš Gospod da se vrati u vazduhu i mnogi ljudi će odjednom biti uzdignuti, oni koji ostanu na zemlji će biti u uhvaćeni tolikoj panici i biće šokirani naprasnim nestankom njihovih porodica, prijatelja i počeće da lutaju u potrazi za njima.

Uskoro će oni shvatiti da se Oduševljenje o kojem su hrišćani govorili zaista dogodilo. Oni će se osetiti prestrašeno na pomisao Sedmogodišnjeg velikog stradanja koje će ih zadesiti. Oni će biti preplavljeni ogromnom strepnjom i osećajem panike. I kada vozači aviona, brodova, vozova i automobila budu uzdignuti na nebo, veliki broj saobraćajnih nesreća će se događati, rušiće se zgrade i onda će svet biti ispunjen haosom i velikim neredima.

U ovo vreme osoba će se pojaviti i doneće mir i red svetu. On je vladar Evropske Unije. On će postaviti snage u politici, ekonomiji i ujedno u vojnim organizacijama i sa ujedinjenom moći, od će držati svet u redu i doneće mir i stabilnost društvu. Zbog toga će se mnogi ljudi radovati u njegovom pojavljivanju na svetskoj sceni. Mnogi će sa entuzijazmom njemu poželeti dobrodošlicu, lojalno će ga podržati i pomagaće mu.

On će biti antihrist spomenut u Bibliji koji će voditi Sedmogodišnje veliko stradanje, ali za neko vreme on će se pojaviti kao „glasnik mira." U stvarnosti, antihrist će doneti mir i red ljudima u ranoj fazi Sedmogodišnjeg velikog stradanja. Alat koji će da koristi kako bi gajio svetski mir je oznaka zveri „666" zapisana u Bibliji.

> *I učini sve, male i velike, bogate i siromašne, slobodnjake i robove, te im dade žig na desnoj ruci njihovoj ili na čelima njihovim, da niko ne može ni kupiti ni prodati, osim ko ima žig, ili ime zveri, ili broj imena njenog. Ovde je mudrost. Ko ima um neka izračuna broj zveri: jer je broj čovekov i broj njen šest stotina i šezdeset i šest* (Otkrivenje Jovanovo 13:16-18).

Koja je oznaka zveri?

Zver se odnosi na računar. Evropska Unija (EU) će postaviti svoje organizacije korišćenjem računara. Sa računarima EU svakoj osobi će biti dat bar-kod na desnoj ruci ili na čelu. Barkod je oznaka zveri. Sve vrste ličnih informacija svakog pojedinca biće stavljene u bar-kodu i barkod će biti postavljen na njegovom/njenom telu. Sa ovim bar-kodom na telu, računar EU će moći da proučava, gleda, nadzire i kontroliše svakoga do detalja bilo šta da on radi ili će da uradi.

Naše savremene kreditne kartice i lične karte biće zamenjene sa oznakom zveri „666." Onda, ljudima neće biti potrebna gotovina niti čekovi. Oni više neće morati da brinu o gubitku njihove imovine ili što im je ukraden novac. Ova jaka mera će podstaknuti oznaku zveri „666" da se za kratko vreme raširi po celom svetu i bez ove oznake, niko neće moći da bude identifikovan niti će moći bilo šta da proda ili da kupi.

Od početka Sedmogodišnjeg velikog stradanja ljudi će dobiti oznaku zveri ali neće biti primoravani da je dobiju. Njima će samo biti preporučeno da to prihvate sve dok organizacija EU ne bude jao učvršćena. Čim se prva polovina Sedmogodišnjeg velikog stradanja ne završi i organizacija postane stabilna, onda će EU primorati svakoga da dobije oznaku i neće oprostiti onima koji odbiju da je prihvate. Prema tome, EU će povezati ljude kroz oznaku zveri i vodiće ih kako ona to želi.

Na kraju većina ljudi koja će ostati za vreme Sedmogodišnjeg velikog stradanja biće podređena kontroli antihrista i vladavine zveri. Zato što će ovaj antihrist biti kontrolisan od strane neprijatelja đavola, EU će učiniti da se čovek suprotstavi Bogu i povešće ih na put smrti, nepravednosti, grehova i uništenju.

Uzgred, neki se ljudi neće predati vladavini antihrista. To su oni koji su verovali u Isusa Hrista ali su pali dok su se uzdizali gore na nebo u Drugom dolasku Gospoda zato što nisu imali iskrenu veru.

Neki od njih su jednom prihvatili Gospoda i živeli su u milosti Božjoj, ali su kasnije izgubili milost i vratili su se svetu, a neki drugi svedočili su o njihovoj veri u Hrista i posećivali su crkvu ali su živeli u svetovnim zadovoljstvima zato što nisu uspeli da poseduju duhovnu veru. Postoje i drugi koji su kao novi prihvatili Gospoda Isusa Hrista i neki Jevreji su se probudili iz njihovog duhovnog dremanja kroz Oduševljenje.

Kada su svedočili o Oduševljenju, oni će shvatiti da su sve reči u oba i Starom i Novom Zavetu bile istinite i oni će se od žalosti udarati u zemlju. Oni će biti uhvaćeni u velikom strahu, kajaće se što nisu živeli po volji Božjoj i pokušaće da nađu put da bi dobili spasenje.

> *I treći anđeo za njim ide govoreći glasom velikim: „Ko se god pokloni zveri i ikoni njenoj, i primi žig na čelo svoje ili na ruku svoju, i on će piti od vina gneva Božijeg, koje je nepomešano utočeno u čašu gneva Njegovog, i biće mučen ognjem i sumporom pred anđelima svetima i pred Jagnjetom. I dim mučenja njihovog izlaziće va vek veka; i neće imati mira dan i noć koji se poklanjaju zveri i ikoni njenoj, i koji primaju žig imena njenog.“ Ovde je trpljenje svetih, koji drže zapovesti Božije i veru Isusovu* (Otkrivenje Jovanovo 14:9-12).

Ako neko dobije oznaku zveri, on je prisiljen da postane pokoran antihristu koji se protivi Bogu. Zbog toga Biblija ističe da svako kome je data oznaka zveri ne može da dostigne spasenje. Za vreme Velikog stradanja oni koji poznaju ovu činjenicu će nastojati da ne dobiju ovu oznaku zveri i pokazaće dokaze da imaju veru.

Identitet antihrista biće jasno otkriven. On će kategorisati kao nečiste elemente društva one koji se protive njegovoj politici i odbijaju da dobiju oznaku i obrisaće ih iz društva iz razloga što su prekršili društveni mir. I on će ih primorati da se odreknu Isusa Hrista i da prime oznaku zveri. Ako se oni opiru, dogodiće se veliki progon i mučenje.

Spasenje od mučeništva zato što nisu dobili oznaku zveri

Mučenje onih koji se opiru da dobiju oznaku zveri za vreme Sedmogodišnjeg velikog stradanja je nezamislivo veliko. Mučenja su mnogo ugnjetavana za njih da ih izdrže tako da će se naći samo nekoliko njih koji će dobiti poslednju priliku za njihovo spasenje. Neki od njih će reći: „Ja ne napuštam svoju veru u Gospoda. Ja još uvek verujem u Njega celim srcem. Mučenja su za mene toliko velika da se ja odričem od Gospoda samo sa mojim ustima. Bog će me razumeti i spasiće me“ i onda dobija znak zveri. Ali njihovo spasenje ne može im biti nikako dato.

Pre nekoliko godina dok sam se ja molio, Bog mi je pokazao u viziji kako će se neki od onih što su ostali za vreme Velikog stradanja opirati u dobijanju oznake zveri i biti mučeni. Bila je to zaista užasna scena! Mučitelji su drali kožu, lomili su sve zglobove na telu u komade, sekli su prste na rukama i nogama, ruke, noge i prosipali na njihova tela ključalo ulje.

Za vreme Drugog svetskog rata, veliko krvoproliće i mučenja su se događala i oni su vršili medicinske eksperimente nad živim telima. Mučenja ne mogu biti upoređena sa onim u Sedmogodišnjem velikom stradanju. Nakon Oduševljenja antihrist koji je je jedan sa neprijateljem đavolom će vladati nad svetom i neće imati ni malo milosti i saosećanja prema nikome.

Neprijatelj đavo i antihrist će ubeđivati ljude da se odreknu Isusa na svaki način da bi ih oterali u pakao. Oni će mučiti vernike, ali ih neće odmah ubijati, sa mnogo sposobnim metodama mučenja i sa svim mogućim okrutnim metodama. Sve vrste metoda mučenja i savremeni mučenički uređaji koji su korišćeni za mučenje će doneti vernicima neverovatnu paniku i bolove. Ali samo strašna mučenja će se nastaviti.

Mučeni ljudi će želeti da budu brzo ubijeni ali ne mogu da izaberu smrt zato što ih antihrist neće ubiti tako lako i oni znaju da ih smrt u samoubistvu neće odvesti ka spasenju.

U viziji mi je Bog pokazao da većina ljudi nije mogla da izdrži bol u mučenju i da se podvrgla antihristu. Na trenutak, neki su izgledali da će izdržati i prevazići mučenje sa jakom voljom, ali kada su videli njihovu voljenu decu ili roditelje koji su bili mučeni na isti način u kojima su se oni prepustili otporu, predali su se antihristu i onda su dobili oznaku zveri.

Među onim mučenim ljudima, samo nekoliko njih koji su imali pošteno i pravedno srce će prevazići ova užasna mučenja i okrutne namere antihrista i umreće mučeničkom smrću. Prema tome, oni koji zadrže svoju veru kroz mučenje za vreme Velikog stradanja mogu da učestvuju u paradi spasenja.

Put za spasenje u predstojećem Stradanju

Kada je izbio Drugi svetski rat, Jevreji koji su živeli mirnim životom u Nemačkoj, nikada nisu očekivali da će ih tako veliki pokolj od 6 miliona ljudi čekati. Niko nije znao niti je mogao da predvidi da će se Nemci koji su im obezbedili mir i relativnu stabilnost odjednom pretvoriti u tako zlu silu u tako malo periodu vremena.

U to vreme, ne znajući šta će da se desi, Jevreji su bili bespomoćni i nisu mogli da urade ništa da bi izbegli tako veliku patnju. Bog želi da Njegov odabran narod može da izbegne predstojeće nesreće u bližoj budućnosti. Zbog toga je Bog zabeležio kraj sveta u Bibliji i dozvolio je da čovek Božji upozori Izrael o predstojećem stradanju i da ih probudi.

Najvažnija stvar koju Izrael treba da zna je da ova katastrofa Stradanja može biti izbegnuta i umesto da beže od toga, Izrael će biti uhvaćen u centru Velikog stradanja. Ja želim da vi shvatite da ovo stradanje će se veoma brzo dogoditi i doći će do vas kao lopov ako se ne pripremite. Vi treba da se probudite od duhovnog dremanja da bi mogli da pobegnete od ove užasne katastrofe.

Upravo sada je vreme kada izrael mora da se probudi! Oni moraju da se pokaju što nisu prepoznali Mesiju i da prihvate Isusa Hrista kao Spasitelja celog čovečanstva i da poseduju iskrenu veru koju Bog želi da imaju kako bi mogli da budu radosno oduševljeni kada se Gospod vrati nazad u vazduhu.

Ja vam naređujem da gajite u mislima da će se antihrist pojaviti ispred vas kao glasnik mira isto kao što je to i Nemačka uradila pre Drugog svetskog rata. On će vam ponuditi mir i ugođaj a onda će veoma brzo i totalno neočekivano antihrist postati velika sila, sila koja će da raste u ovom vremenu i on će doneti patnju i katastrofu van zamisli.

Deset prstiju

Biblija ima mnogo odlomaka proročanstva koja će se dogoditi u budućnosti. Naročito, ako pogledamo u proročanstvima zapisanim u Bibliji od velikih proroka Starog Zaveta, oni nam unapred govore ne samo o budućnosti Izraela već takođe i o budućnosti sveta. Šta mislite koji je razlog tome? Božji odabrani narod Izrael je bio i jeste centar istorije čovečanstva.

Velika statua zapisana u Danilovom proročanstvu

Knjiga Danilova prorokuje ne samo o budućnosti Izraela već takođe i šta će se dogoditi svetu u odnosu na kraj Izraela. U Knjizi Danila 2:31-33, Danilo tumači san kralja Navuhodonosora sa inspiracijom Boga i tumačenje prorokuje šta će se dogoditi na kraju vremena sveta.

> *Ti, care, vide, a to lik velik; velik beše lik i svetlost mu silna, i stajaše prema tebi, i strašan beše na očima. Glava tom liku beše od čistog zlata, prsi i mišice od srebra, trbuh i bedra od bronze, noge mu od gvožđa, a stopala koje od gvožđa koje od zemlje* (Danilo 2:31-33).

Šta onda ovi stihovi prorokuju o svetskoj situaciji u konačnim danima?

„Veliki sam lik" koji je kralj Navuhodonosor video u snu nije niko drugi nego Evropska Unija. Danas, svet je pod kontrolom dveju velikih sila – Sjedinjenim Američkim Državama i Evropskom Unijom. Naravno, uticaj Rusije i Kine ne može biti ignorisan. Ali, SAD i EU će i dalje biti uticajna moć u svetu u krugu ekonomske i vojne snage.

Trenutno, EU izgleda pomalo slaba ali će se sve više raširiti. Danas nema postoji ni malo sumnje o tome. Sve do sada SAD je bila isključivo dominantna nacija na svetu, ali malo po malo EU će postati mnogo dominantnija kroz svet više nego SAD.

Samo desetak godina ranije, niko nije mogao da zamisli da će možda zemlje Evrope moći da se ujedine u jednom sistemu vladavine. Naravno, zemlje Evrope su razgovarale o EU duže vreme ali niko nije mogao sa sigurnošću da kaže da će moći da prevaziđu nacionalne barijere identiteta, jezika, valute i mnoge druge barijere kako bi oformile jedinstveno telo.

Ali početkom kasnije 1980. godine, vođe Evropskih zemalja su počele ozbiljno da razmatraju jednostavna pitanja zbog ekonomskih problema. Za vreme Hladnog rata glavna moć da bi se održala vlast bila je vojna snaga, ali kako se Hladni rat bližio kraju, glavna moć se pomerila od vojnih snaga ka ekonomskoj snazi.

Da bi se pripremili za ovo Evropske zemlje su pokušavale da se ujedine i kao ishod svega oni su postali kao jedno u ekonomskom ujedinjenju. Sada, jedna stvar koja je ostala da se uradi je političko ujedinjenje, dovođenje zemalja u zajednicu kao vladin sistem i situacija sada bila kao takva podstaknuta.

„Ti, care, vide, a to lik velik; velik beše lik i svetlost mu silna, i stajaše prema tebi, i strašan beše na očima,“ o čemu Danilo 2:31 govori, je proročanstvo o rastu i aktivnostima Evropske Unije. Ono nam govori koliko će jaka i moćna Evropska Unija biti.

EU će imati i posedovati veliku moć

Kako će EU moći da poseduje veliku moć? Danilo 2:32 unapred daje odgovor objašnjavajući od čega su statui lik, prsa, ruke, stomak, butine, noge i stopala napravljeni.

Kao prvo, stih 32 govori: *„Glava tom liku beše od čistog zlata.“* Ovo prorokuje da će EU ekonomski napredovati i da će vladavina u ekonomskoj moći biti kroz sakupljeno bogatstvo. Kao što je ovde prorokovano, EU će imati veliku korist i imaće velike dobitke kroz ekonomsko ujedinjenje.

Sledeće, isti stih kaže: „prsa i mišice od srebra.“ To simbolizuje da će EU biti socijalno, kulturno i politički ujedinjena. Kada je jedan predsednik izabran da predstavlja EU, to će ispuniti spoljašnje političko ujedinjenje i postaće ujedinjena celina u socijalnom i kulturnom pogledu. Međutim u postavljanju nepotpunog ujedinjenja, svaki član će tražiti svoju sopstvenu ekonomsku korist.

Sledeće se kaže: „trbuh i bedra od bronze." Ovo simbolizuje da će EU ispuniti vojno ujedinjenje. Svaka zemlja u EU želi da poseduje ekonomsku snagu. Ovo vojno ujedinjenje u osnovi je za namenu ekonomske koristi, što je krajnji cilj. Da bi se pridružila u oduzimanju kontrole sveta kroz ekonomsku snagu, tu neće postojati izbora nego da bude ujedinjena sa socijalnom, kulturnom i vojnom oblasti.

Poslednje, kaže se: „noge mu od gvožđa." Ovo se odnosi na drugi čvrst temelj da bi ojačala i podržala EU kroz religiozno ujedinjenje. U ranijoj fazi, EU će proglasiti katolicizam kao svoju državnu religiju. Katolicizam će gajiti snagu i postaće mehanizam podrške da ojača i vodi EU.

Duhovno značenje deset prstiju

Kada EU uspe da ujedini mnoge zemlje u njihovoj ekonomskoj, političkoj, socijalnoj, vojnoj i religioznoj uticajnoj sferi, ona će najpre biti ponosna na njeno ujedinjenje i njenu moć, ali malo po malo oni će početi da osećaju znakove neslaganja i raspadanja.

U ranoj fazi EU zemlje EU će postati ujedinjene zato što donose zaključke jedna o drugoj zbog zajedničke ekonomske koristi. Ali,. ako vreme prolazi postojaće socijalne, političke i ideološke razlike i nesuglasice između njih. Pojaviće se različiti znakovi raspada. Konačno, religiozni konflikti će izaći u otvorenoj raspravi između katolicizma i protestanata.

Danilo 2:33 kaže: „a stopala koje od gvožđa koje od zemlje." To znači da su deset prstiju napravljeni od gvožđa a ostali od gline. Deset prstiju se ne odnosi na „10 zemalja EU." Ovo se odnosi na „Pet predstavnika zemalja koji veruju u katolicizam i drugih pet zemalja koji veruju u protestanizam."

Baš kao što gvožđe i glina ne mogu da se pomešaju, zemlje u kojima je katolicizam dominantan i one u kojima su protestanti dominantni ne mogu biti u potpunosti ujedinjeni, znači da oni koji su dominantni i oni koji dominiraju, ne mogu biti izmešani.

Kako znakovi neslaganja u EU rastu, oni će osetiti neverovatnu potrebu da se ujedine sa zemljama regiona i katolicizam dobija sve više snage u mnogim mestima.

Prema tome, ekonomska korist Evropske Unije biće oblikovana u poslednjim danima i onda će rasti sa neverovatnom moći. Kasnije EU će ujediniti njenu religiju katolicizam i ujedinjenje EU će postati još veće i na kraju će EU izaći kao idol.

Idoli su predmeti kojima treba da se služi i koje ljudi poštuju. U ovom smislu, EU će povesti svet napred sa velikom moći i vladaće nad svetom kao moćan idol.

Treći svetski rat i ujedinjenje Evrope

Kao što je gore rečeno, kada naš Gospod dođe ponovo u vazduhu na kraju vremena sveta, brojni vernici će biti uzdignuti u vazduh a istovremeno će se desiti i veliki haos na zemlji. U međuvremenu EU će preuzeti moć i dominiraće nad svetom u ime održavanja mira i reda na celom svetu za kratko vreme, ali kasnije će se EU suprotstaviti Bogu u povešće u Sedmogodišnje veliko stradanje.

Kasnije, članice EU će se razdvojiti jer će prvenstveno tražiti svoju sopstvenu korist. Ovo će se dogoditi u sredini Sedmogodišnjeg velikog stradanja. Početak Sedmogodišnjeg velikog stradanja, kao što je prorokovano u 12. Poglavlju knjige Danila, će se dogoditi u skladu sa tokom istorije Izraela i istorije sveta.

Baš kada Sedmogodišnje veliko stradanje započne, EU će steći neverovatnu moć i snagu. Oni će odabrati jednog predsednika Unije. To će se dogoditi baš tada kada oni koji su prihvatili Isusa Hrista kao njihovog Spasitelja dobiju pravo da postanu Božja deca, smesta će da se tansformišu i izdignu se na nebo na Gospodov Drugi Dolazak u vazduhu.

Većina Jevreja koji ne prime Isusa kao Spasitelja će ostati na zemlji i patiće u Sedmogodišnjem velikom stradanju. Misterija i horor velikog Stradanja biće ogromna van zamisli. Zemlja će biti puna velikih srcecepajućih stvari uključujući ratove, ubistva, pogubljenja, gladovanja, bolesti i bede mnogo više od bilo čega u istoriji čovečanstva.

Početak Sedmogodišnjeg velikog stradanja biće signaliziran u Izraelu sa ratom koji će početi između Izraela i Srednjeg Istoka. Velika napetost je dugo trajala između Izraela i ostatka srednjeg Istoka i graničnih sukoba koji nikada nisu prestajali. U budućnosti ova borba će biti još gora. Ozbiljan rat će nastati zato što će se svetske sile mešati u poslove sa naftom. Oni će se svađati jedni sa drugima da bi stekli veće znanje i da bi imali prednost u međunarodnim odnosima.

Sjedinjene Američke Države koje su bile tradicionalni saveznik sa Izraelom veoma dugo će podržati Izrael. Evropska Unija, Kina i Rusija, koje su protiv Sjedinjenih Država, će se sjediniti sa Srednjim Istokom i onda će Treći Svetski Rat izbiti između obe strane.

Treći Svetski Rat će po svom obimu biti totalno drugačiji od Drugog Svetskog Rata. U Drugom Svetskom Ratu je više od 50 miliona ljudi bilo ubijeno ili je umrlo kao rezultat tog rata. Sada moć modernog oružja uključujući nuklearno oružje, hemijsko i biološko oružje i mnogo drugih ne može da se uporedi sa onim iz Drugog Svetskog Rata i ishod njegovog korišćenja će biti neverovatno užasan.

Sve vrste oružja uključujući nuklearne bombe i različita dotadašnja oružja koja su do tada izmišljena biće nemilosrdno korišćena i neverovatna uništenja i pokolji će se dogoditi. Zemlje koje će voditi rat biće potpuno uništene i osiromašene.

To neće biti kraj rata. Nuklearne eksplozije će pratiti radijacija, radioaktivno zagađenje, ozbiljne vremenske promene i nesreća će prekriti celi svet. Kao rezultat, cela zemlja kao i one koje vode rat će biti u paklu na zemlji.

U sredini, oni će prestati u napadima sa nuklearnim oružjem zato što ako se to oružje koristi više, može da preti opstanku celog čovečanstva. Ali svo drugo oružje i velika jačina neprijatelja će požurivati rat. Sjedinjene Države. Kina i Rusija neće uspeti da se povrate.

Većina zemalja sveta će biti skoro uništene ali EU će pobeći od najrazornije štete. EU obećava Kini i Rusiji podršku, ali za vreme rata EU neće aktivno učestvovati u borbi tako da neće pretrpeti velike gubitke kao drugi.

Kada velike svetske sile uključujući i Sjedinjene Američke države, propate u velikim gubicima moći u vihoru nečuvenog ratovanja, EU će postati jedina najmoćnija zajednica i vladaće nad svetom. Najpre EU će prosto gledati napredovanje rata i kada druge zemlje budu potpuno uništene ekonomski i vojno, onda će EU izaći i počeće sa razrešavanjem rata. Druge zemlje neće imati izbora nego da prate odluke EU zato što će izgubiti svu moć.

Od ovog momenta pa nadalje, druga polovina Sedmogodišnjeg velikog stradanja će početi i narednih tri i po godina, antihrist, koji je vladalac EU će kontrolisati ceo svet i sebe će proglasiti svecem. I antihrist će mučiti i proganjati one koji mu se suprotstave.

Prava priroda antihrista je otkrivena

U ranijoj fazi III Svetskog Rata nekoliko zemalja će pretrpeti velike gubitke zbog rata i EU će im obećati podršku kroz Kinu i Rusiju. Izrael će biti žrtvovan kao glavni centar rata i u to vreme EU će obećati da će izgraditi Sveti hram za kojim je Izrael toliko žudio. Sa ovim smirenjem od EU, Izrael će da sanja o oživljavanju slave u kojoj su uživali u blagoslovima Božjim mnogo godina ranije. Kao rezultat toga oni će takođe biti u savezu sa EU.

Zbog njegove podrške Izraelu, EU će biti smatrana kao spasitelj Jevreja. Produženi rat na Bliskom Istoku će izgledati da se bliži kraju i oni će ponovo obnoviti Svetu zemlju i napraviće Sveti hram Božji. Oni će verovati da Mesija i njihov kralj, na koga su toliko dugo čekali, je konačno došao i potpuno obnovio Izrael i slaviće ga.

Ali njihova očekivanja i radost će uskoro pasti na zemlju. Kada se Sveti hram obnovi u Jerusalimu, nešto neočekivano će se dogoditi. Ovo je prorokovano kroz knjigu Danila.

> *I utvrdiće zavet s mnogima za nedelju dana, a u polovinu nedelje ukinuće žrtvu i prinos; i krilima mrskim, koja pustoše, do svršetka određenog izliće se na pustoš* (Danilo 9:27).

> *I vojska će stajati uza nj, i oskvrniće svetinju u gradu, i ukinuti žrtvu svagdašnju I postaviće gnusobu*

pustošnu (Danilo 11:31).

A od vremena kad se ukine žrtva vazdašnja i postavi gnusoba pustošna, biće hiljadu i dvesta i devedeset dana (Danilo 12:11).

Svi ovi stihovi ukazuju na jednu činjenicu koja im je zajednička. Ovo je istinit događaj koji će se desiti na kraju vekova i Isus je takođe govorio o kraju vekova u ovom stihu.

On je rekao u Jevanđelju po Mateji 24:15-16: „*Kad dakle ugledate mrzost opustošenja, o kojoj govori prorok Danilo, gde stoji na mestu svetom (koji čita da razume), tada koji budu u Judeji neka beže u gore.*"

Prvo će Jevreji verovati da je EU obnovila Sveti hram Božji u Svetoj zemlji koju su oni smatrali svetom ali kada odvratnost stoji na svetom mestu, oni će biti šokirani i shvatiće da je tadašnja njihova vera bila pogrešna. Oni će priznati da su oni okrenuli svoj pogled od Isusa Hrista i da On jeste Njihov Mesija i Spasitelj čovečanstva.

Ovo je pravi razlog zbog koga Izrael treba sada da se probudi. Ukoliko se Izrael sada ne probudi, oni neće moći da shvate istinu u dogledno vreme. Izrael će shvatiti istinu mnogo kasno i to će biti neminovno.

Tako da ja revnosno želim za vas, da se probudite kako vi ne bi pali u zamke antihrista i ne bi dobili oznaku zveri. Ako ste prevareni nežnim i primamljivim rečima od strane antihrista koji vam obećava mir i napredak i dobijete oznaku zveri „666," vi ćete biti primorani da padnete na put neopozive i večne smrti.

Ono što je još jadnije je to da samo kada identitet zveri bude otkriven, kao što je prorokovao Danilo, mnogi Jevreji će shvatiti da je centar njihove vere bio pogrešan. Kroz ovu knjigu, ja želim da vi hoćete da prihvatite Mesiju već poslatog od Boga i da izbegnete pad u Sedmogodišnje veliko stradanje.

Zbog toga, kao što sam već napomenuo gore, vi morate da prihvatite Isusa Hrista i da posedujete veru koja je pravilna iz pogleda Božjeg. To je jedini način za vas da pobegnete od Sedmogodišnjeg velikog stradanja.

Kakva šteta ako ne uspete da se uzdignete na nebo i budete ostavljeni dole na zemlji za vreme Drugog Dolaska Gospoda! Ali srećom, naći ćete poslednju šansu za vaše spasenje.

Ja se iskreno molim sa vama da odmah prihvatite Isusa Hrista, da živite u zajednici sa braćom i sestrama u Hristu. Ali čak ni sada nije kasno za vas da naučite kroz Bibliju i ovu knjigu kako ćete moći da održite vašu veru u predstojećem Velikom stradanju i da nađete put koji je Bog pripremio za poslednju priliku u vašem spasenju i budete vođeni pravim putem.

Neiscrpna ljubav Božja

Bog je ispunio Njegovo proviđenje za ljudsku kultivaciju kroz Isusa Hrista i bez obzira na rasu ili naciju, svako ko prihvati Isusa kao svog Spasitelja i čini volju Božju, Bog ga stvara kao Božje dete i dozvoljava mu da uživa u večnom životu.

Ali šta će se dogoditi sa Izraelom i njegovim narodom? Mnogi od njih nisu prihvatili Isusa Hrista i ostali su mnogo daleko od puta spasenja. Kakva je to velika šteta što oni neće uspeti da razumeju put spasenja kroz Isusa sve dok Gospod ne dođe ponovo u vazduhu i spašena Božja deca će biti uzdignuta sa zemlje u vazduh!

Šta će onda postati Božji odabrani Izrael? Da li će oni biti isključeni iz parade za spašenu Božju decu? Bog ljubavi je pripremio Njegov neverovatan plan za Izrael u poslednjim momentima čovečanstva.

> *Bog nije čovek da laže, ni sin čovečji da se pokaje. Šta kaže neće li učiniti, i šta reče neće li izvršiti? Gle, primih da blagoslovim; jer je On blagoslovio, a ja neću poreći* (Brojevi 23:19).

Koje je poslednje proviđenje koje je Bog isplanirao za Izrael na kraju vekova? Bog je pripremio put „pabirčenog spasenja" za Njegov odabrani Izrael kako bi oni mogli da uđu u spasenje shvatajući da Isus koga su oni razapeli jeste pravi Mesija kome su se oni toliko dugo radovali i temeljno se pokajali od njihovih grehova ispred Boga.

Pabirčeno spasenje

Za vreme Sedmogodišnjeg velikog stradanja, zato što su bili svedoci kada su se mnogi ljudi uzdigli na nebo i saznali za istinu, neki ljudi koji će biti ostavljeni na zemlji će verovati i prihvatiće u njihovim srcima činjenicu da nebo i pakao zaista postoji, da je Bog živ i da Isus Hrist jeste naš jedini Spasitelj. Šta više, oni će pokušavati da ne dobiju oznaku zveri. Posle Oduševljenja oni će u sebi biti transformisani, čitaće reč Božju zapisanu u Bibliji, dolaziće zajedno i držaće službe bogosluženja i pokušaće da žive po reči Božjoj.

U ranoj fazi Velikog stradanja mnogi ljudi će moći da vode religiozan život i čak će evangelizovati druge zato što tada još neće postojati organizovano proganjanje. Oni neće dobiti oznaku zveri zato što će već znati da ne mogu da dobiju spasenje sa oznakom i daće ono najbolje iz sebe da vode život koji je vredan da bi dobili spasenje čak i za vreme Velikog stradanja. Ali njima će biti veoma teško da održe njihovu veru zato što je Sveti Duh napustio svet.

Mnogi od njih će proliti mnogo suza jer neće imati nikoga ko će voditi službe bogosluženja i ko će im pomoći da povećaju njihovu veru. Oni će morati da održe njihovu veru bez Božje zaštite i snage. Oni će tugovati jer će morati da žale zato što nisu pratili učenje reči Božje iako im je bilo savetovano da prihvate Isusa Hrista i da vode predan život u verovanju. Oni će morati da zadrže njihovu veru u svim vrstama iskušenja i proganjanjima na ovom svetu u kojem će oni imati poteškoće u nalaženju prave reči Božje.

Neki od njih će se kriti u dubinama dalekih planina da ne bi dobili oznaku zveri „666." Oni će morati da tragaju za korenjem ili biljkama i da ubijaju životinje zbog hrane zato što ne mogu ništa da kupe ili da prodaju da bi dobili hranu bez oznake zveri. Ali za vreme druge polovine Velikog stradanja, posle tri i po godine, vojska antihrista će striktno i pažljivo juriti vernike. Neće biti važno u kojim će se dalekim planinama sakrivati ali će biti razotkriveni i odvedeni od strane vojske.

Vlada zveri će pokupiti one koji nisu dobili oznaku zveri i prisiliće ih da se odreknu Gospoda i da dobiju oznaku kroz teško mučenje. Na kraju, mnogi od njih će se predati i neće imati izbora osim da prihvate oznaku zbog nanešenog neverovatnog bola i užasa.

Vojska će da ih obesi gole po zidovima i burgijom će bušiti njihova tela. Oni će odrati kožu sa celog tela od glave do pete. Oni će mučiti njihovu decu ispred njihovih očiju. Mučenja koja će vojska primenjivati na njima su izuzetno okrutna tako da će biti zaista teško za njih da umru mučeničkom smrću.

Zbog toga će samo mali broj njih koji su prevazišli sva

mučenja sa jakom voljom i nadmašili granice ljudske snage i umrli mučeničkom smrću, moći da dobiju spasenje i dohvate nebo. Prema tome, neki ljudi će biti spašeni zbog istrajanja u njihovoj veri bez da su izdali Gospoda i žrtvovali su svoje živote u mučeništvu pod kontrolom antihrista za vreme Velikog stradanja. Ovo je nazvano „pabirčeno spasenje."

Bog ima duboke tajne koje je On pripremio za pabirčeno spasenje Božjeg odabranog Izraela. To su dva svedoka i mesto, Petra.

Pojavljivanje dvojice sveštenika i svedoka

Otkrivenje Jovanovo 11:3 govori: „*I daću dvojici svojih svedoka, i proricaće hiljadu i dvesta i šezdeset dana obučeni u vreće.*" Dvojica svedoka su stvarni ljudi koje je Bog namenio u Njegovom planu pre vekova da spasu Njegov odabrani Izrael. Oni će svedočiti Jevrejima u Izraelu da je Isus Hrist jedan i jedini Mesija koji je bio prorokovan u Starom zavetu.

Bog mi je govorio o dvojici svedoka. On je objasnio za njih da oni nisu stari, oni hodaju u pravednosti i imaju pravedna srca. On mi je dozvolio da znam koju vrsta priznanja je jedan od dvojice dao ispred Boga. Njegovo priznanje govori da je on verovao u Judaizam ali je čuo da većina ljudi veruje u Isusa Hrista kao u Spasitelja i govori o Njemu. Tako da, on se molio Bogu da mu pomogne da razazna šta je ispravno i istinito, rekavši:

„Oh, Bože!

Koja je ovo nevolja u mom srcu?
Verujem da su sve stvari istina
koje sam čuo od mojih roditelja i koje su izgovorili
Još dok sam bio mlad,
ali koje su to nevolje i pitanja u mom srcu?

Mnogi ljudi govore i razgovaraju o Mesiji.

Ali samo kada bi neko mogao da mi pokaže
sa jasnim i čistim dokazom
da li je ispravno da im verujem
ili da verujem samo onome što sam čuo dok sam bio mlad,
ja ću biti radostan i zahvalan.

Ali ja ne mogu da vidim ništa,
i da pratim ono što ti ljudi govore,
ja moram da poštujem sve beznačajne stvari i ludosti
koje sam održavao dok sam bio mlad.
Šta je zaista pravedno u Tvom pogledu?

Oče Bože!
Ako Ti želiš,
pokaži mi osobu
koja može da učvrsti sve i razume sve.
Dozvoli da dođe ispred mene i nauči me svemu

šta je zaista dragoceno i šta je prava istina.

Kako pogledam gore u nebo,
imam ovaj osećaj nevolje u mom srcu,
i ako neko može da reši taj problem,
molim te pokaži mi ga.

Ja ne mogu da izdam svoje srce u stvarima u koje sam verovao,
i kako sam sve razmotrio sve ove stvari,
ako postoji neko ko će me naučiti i pokazati mi to,
samo kada bi mi pokazao šta je istina,
onda to neće biti kao da sam izdao sve stvari
koje sam naučio i video.

Prema tome, Oče Bože!
Molim te pokaži mi.

Daj mi razumevanje u svim ovim stvarima.

ja sam zbunjen u mnogim stvarima.
ja verujem da sve stvari koje sam čuo do sada su istinite.

Ali kako sam razmatrao o njima iznova i iznova,
imam mnogo pitanja i moja žeđ nije utonula.
Zašto je to tako?

Prema tome, samo kada bi mogao da vidim sve te stvari

mogao bi da budem siguran u njih
samo kada bi bio siguran da to nije izdaja
protiv puta kojim sam hodao do sada;
samo kada bi video šta je zapravo istina;
samo kada bih spoznao sve stvari
razmišljao sam o tome,
onda, ja ću moći da sakupim mir u svom srcu."

Dvojica svedoka, koji su Jevreji, su duboko tražili čistu istinu i Bog će im odgovoriti i poslati im Božjeg čoveka. Kroz čoveka od Boga oni će shvatiti proviđenje Božje ljudske kultivacije i prihvatiće Isusa Hrista. Oni će ostati na zemlji za vreme Sedmogodišnjeg velikog stradanja i vršiće službu za pokajanje i spasenje Izraela. Oni će dobiti posebnu moć Božju i svedočiće Izraelu o Isusu Hristu.

Oni će izaći potpuno posvećeni iz pogleda Božjeg i radiće svoje bogosluženje 42. meseca kao što je zapisano u knjizi Otkrivenja Jovanovog 11:2. Razlog zbog koga su dvojica svedoka došla iz Izraela je zato što je početak i kraj Jevanđelja Izrael. Jevanđelje je bilo rašireno po svetu sa Apostolom Pavlom i sada ako jevanđelje ponovo stigne do Izraela, što je njeno početno mesto, onda će dela jevanđelja biti završena.

Isus govori u Delima Apostolskim 1:8: „*Vi ćete primiti silu kad siđe Duh Sveti na vas; i bićete Moji svedoci i u Jerusalimu i po svoj Judeji i Samariji i čak do najdaljih delova zemlje.*"
„Najdalji delovi zemlje" se ovde odnose na Izrael koji je konačna

destinacija jevanđelja.

Dvojica svedoka će propovedati poruku sa krsta Jevrejima i objašnjavaće im o putu spasenja sa revnosnom moći Božjom. I oni ći izvoditi neverovatna čuda i izvanredne znakove potvrđujući poruku. Oni će imati moć da zatvore nebo, kako kiša ne bi pala za vreme dana njihovog propovedanja; i imaće vlast nad vodama da je pretvore u krv i da udare zemlju sa svakom mukom onoliko često koliko to žele.

Kroz ovo mnogi Jevreji će se vratiti Gospodu, ali u isto vreme neki drugi će biti uhvaćeni u svojoj savesti i pokušaće da ubiju dvojicu svedoka. Ne samo ovi Jevreji, ali i mnogo slabih ljudi u drugim zemljama pod kontrolom antihrista će silno mrzeti dvojicu svedoka i pokušaće da ih ubiju.

Dvojica svedoče mučenju i vaskrsenju

Moć koju dvojica svedoka imaju je tako velika da se niko neće usuditi da im naudi. Na kraju vlasti nacije će učestvovati u njihovom ubijanju. Ali razlog zbog koga će dvojica svedoka biti stavljeni u smrt nije zbog vlasti nacije već zato što je to volja Božja za njih da budu mučeni u određeno vreme. Mesto gde će oni biti mučeni je nijedno drugo osim mesta Isusovog razapeća i to podrazumeva njihovo vaskrsenje.

Kada je Isus bio razapet, rimski vojnici su stražarili nad Njegovom grobnicom kako niko ne bi mogao da uzme Njegovo telo. Ali Njegovo telo kasnije nije bilo viđeno zato što je On vaskrso. Ljudi koji će da stave ovu dvojicu svedoka će se setiti ovoga i biće zabrinuti da će neko uzeti njihova tela. Tako da, oni neće dozvoliti da njihova tela budu sahranjena u grobnici već će položiti njihova tela na ulici kako bi svi ljudi na svetu mogli da vide njihova mrtva tela. Iz ovog pogleda, oni slabi ljudi koji su bili uhvaćeni u njihovoj savesti zbog Jevanđelja koje su propovedala dvojica svedoka će se uveliko radovati nad njihovoj smrti.

Ceo svet će se radovati i slaviće i masovni mediji će prenositi vest o njihovoj smrti svetu kroz satelit tri i po dana. Nakon tri i po dana vaskrsenje dvojice svedoka će se dogoditi. Oni će oživeti ponovo, ustaće i uzdignuće se gore na nebo na oblaku slave baš kao što je i Ilija bio u vihoru odveden na nebo. Ova veličanstvena scena će se raširiti po celom svetu i mnogi ljudi će je gledati.

U tom satu biće veliki zemljotres i deseti deo grada će pasti i sedam hiljada ljudi će biti ubijeno u zemljotresu. Otkrivenje Jovanovo 11:3-13 opisuje ovo do detalja kao što sledi.

> *I daću dvojici svojih svedoka, i proricaće hiljadu i dvesta i šezdeset dana obučeni u vreće. Ovi su dve masline i dva žiška što stoje pred Gospodarem zemaljskim. I ako im ko nepravdu učini, oganj izlazi iz usta njihovih, i poješće neprijatelje njihove; i ko bude hteo da im učini nažao onaj valja da bude ubijen. I ovi će imati vlast da zatvore nebo, da ne padne dažd na zemlju u dane njihovog proricanja; i imaće vlast nad vodama da ih pretvaraju u krv, i da*

udare zemlju svakom mukom, kadgod budu hteli. I kad svrše svedočanstvo svoje, onda će zver što izlazi iz bezdana učiniti s njima rat, i pobediće ih i ubiće ih. I telesa njihova ostaviće na ulici grada velikog, koji se duhovno zove Sodom i Misir, gde i Gospod naš razapet bi. I gledaće neki od naroda i plemena i jezika i kolena telesa njihova tri dana i po, i neće dati da se njihova telesa metnu u grobove. I koji žive na zemlji, obradovaće se i razveseliće se za njih, i slaće dare jedan drugom, jer ova dva proroka mučiše one što žive na zemlji. I posle tri dana i po duh života od Boga uđe u njih; i staše oba na noge svoje, i strah veliki napade na one koji ih gledahu. I čuše glas veliki s neba, koji im govori: „Iziđite amo." I iziđoše na nebo na oblacima, i videše ih neprijatelji njihovi. I u taj čas zatrese se zemlja vrlo, i deseti deo grada pade, i tresenje zemlje pobi sedam hiljada imena čovečijih; i ostali se uplašiše, i daše slavu Bogu nebeskom (Otkrivenje Jovanovo 11:3-13).

Bez obzira na to koliko će biti tvrdoglavi, ako imaju i najmanju dobrotu u svojim srcima, oni će shvatiti da su veliki zemljotres i vaskrsenje i uzdizanje na nebo dvojice svedoka dela Božja i davaće slavu Bogu. I oni će biti primorani da prihvate činjenicu da je Isus vaskrso uz moć Božju pre oko 2000. godina. Bez obzira na sve ove pojave, neki zli ljudi neće davati slavu Bogu.

Ja naređujem svima vama da prihvatite ljubav Božju. Sve do poslednjeg momenta, Bog želi da vas spase i želi da vi slušate dvojicu svedoka. Dvojica svedoka će svedočiti sa velikom moći Božjom koja je došla od Boga. Oni će probuditi mnoge ljude u pogledu na Božju ljubav i volju za njih. I oni će vas voditi da zgrabite poslednju priliku za spasenje.

Ja vam revnosno tražim da ne stojite pored neprijatelja koji pripada đavolu koji će vas odvesti na put uništenja, već da slušate dvojicu svedoka i dostignete spasenje.

Petra, utočište za Jevreje

Druga tajna koju je Bog namenio za Njegov odabrani Izrael je Petra, utočište za vreme Sedmogodišnjeg velikog stradanja. Isaija 16:1-4 objašnjava o ovom mestu nazvanom Petra.

> *Šaljite jaganjce gospodaru zemaljskom, od Sele do pustinje, ka gori kćeri sionske. Jer će biti kćeri moavske na brodovima arnonskim kao ptica koja luta, oterana s gnezda. Učini veće, narode, načini sen u podne kao noć, zakloni izagnane, nemoj izdati begunce. Neka kod tebe borave izgnani moji, Moave; budi im zaklon od pustošnika. Jer će nestati nasilnika, prestaće pustošenje, istrebiće se sa zemlje koji gaze druge.*

Zemlja Moava se odnosi na zemlju Jordana istočnu stranu Izraela. Petra je arheološko mesto u jugo-zapadnom Jordanu, leži na obroncima planine Or koju čine istočni bok Arava (potok Arava), u prostranoj kotlini koja počinje iz Mrtvog mora pa do zaliva Akaba. Petra je obično prepoznatljiva sa Selom što takođe znači kamen, sa Biblijskim preporukama u 2. Knjiga Kraljevima 14:7 i Isaija 16:1.

Nakon što Gospod dođe ponovo u vazduhu, On će prihvatiti spašene ljude i uživaće u Sedmogodišnjem svadbenom banketu i onda će On doći na zemlju zajedno sa njima i vladaće nad svetom za vreme Milenijuma. Za sedam godina, od Gospodovog Drugog dolaska u vazduhu i Oduševljenje sve do Njegovog dolaska na zemlju, Veliko stradanje će pokoriti zemlju i za tri i po godine za vreme druge polovine Velikog stradanja-za 1.260. dana, ljudi Izraela će se sakriti na mesto koje je pripremljeno u skladu sa planom Božjim. Mesto za skrivanje je Petra (Otkrivenje Jovanovo 12:6-14).

Zašto će onda biti potrebno mesto Jevrejima za skrivanje?

Nakon što je Bog izabrao ljude Izraela, Izrael je bio napadan i proganjan od brojnih ne jevrejskih nacija. Razlog je taj da je đavo koji se uvek protivio Bogu pokušavao da spreči Izrael od primanja blagoslova Božjih. Isto će se dogoditi za vreme kraja sveta.

Kada Jevreji shvate kroz Sedmogodišnje veliko stradanje da je njihov Mesija i Spasitelj Isus, koji je došao na zemlju pre 2000.

godina, i kada pokušaju da se pokaju, đavo će ih proganjati do kraja kako bi ih sprečio u održavanju njihove vere.

Bog, koji zna sve, je pripremio mesto za skrivanje za Njegov odabrani Izrael, kroz koje demonstrira Njegovu ljubav za njih i ne štedi Njegovu promišljenu ljubav prema njima. U skladu sa ovom ljubavlju i planom Božjim, Izrael će ući u Petru da bi pobegao od uništenja.

Baš kao na način na koji je Isu rekao u Jevanđelju po Mateju 24:16: „*Tada koji budu u Judeji neka beže u gore,*" Jevreji će moći da pobegnu od Sedmogodišnjeg Velikog Stradanja u skriveno mesto u planinama, i održaće svoju veru da bi tamo dostigli spasenje.

Kada je anđeo smrti uništio svu novorođenčad Egipta, Jevreji su se sastajali brzo jedni sa drugima na ulici i pobegli su od iste kuge tako što su stavljali krv jagnjeta na oba okvira od vrata i na grede njihovih kuća.

Na isti način, Jevreji će se sastajati jedni sa drugima tako brzo o tome gde da idu i da se sklone na mesto za skrivanje pre nego što vlada antihrista počne da ih hapsi. Oni će znati za Petru zato što su mnogi evangelisti stalno svedočili o mestu za skrivanje i čak i oni koji nisu verovali će promeniti mišljenje i tražiće mesto za skrivanje.

Ovo mesto za skrivanje neće biti u mogućnosti da prihvati mnogo ljudi. U stvari, mnogi ljudi koji su se pokajali kroz dvojicu svedoka neće uspeti da se sakriju u Petri i održaće svoju veru za vreme Velikog stradanja i onda će umreti kao mučenici.

Ljubav prema Bogu kroz dva svedoka i Petra

Draga braćo i sestre, da li ste izgubili šansu za spasenje kroz Oduševljenje? Onda, ne ustežite se da idete u Petru, poslednju šansu za vaše spasenje datu po milosti Božjoj. Uskoro će užasne katastrofe od strane antihrista. Vi morate da sakrijete sebe u Petri pre nego što vrata poslednje milosti ne zatvori i spreči antihristov udarac.

Pa, da li ste uspeli da dobijete priliku za ulazak u Petru? Onda, jedini način da dostignete spasenje i da uđete na nebo je da se ne odreknete Gospoda i da ne dobijete oznaku zveri „666." Vi morate da prevaziđete sve vrste užasnog mučenja i da umrete mučeničkom smrću. To nije nimalo lako ali morate to da uradite da bi pobegli od večitih mučenja u gorećem jezeru.

Ja vam iskreno želim da se ne okrenete od puta spasenja sa sećanjem na neiscrpnu ljubav Božju svo vreme i da smelo sve prevaziđete. Dok se vi opirete i borite protiv svih vrsta iskušenja i progona koje će vam antihrist naneti, mi braća i sestre u veri ćemo se iskreno moliti za vaš trijumf.

Ali naša iskrena želja za vas je da prihvatite Isusa Hrista pre nego što se sve stvari dogode i da budete uzdignuti na nebo zajedno sa nama i da uđete na Svadbeni Banket kada naš Gospod dođe ponovo. Mi se neprestano molimo sa suzama ljubavi da će se Bog setiti dela vere vaših očeva i sporazuma koje je On napravio sa njima i da će vam dati opet veliku milost u spasenju.

U Njegovoj velikoj ljubavi Bog je pripremio dvojicu svedoka i Petru kako bi vi mogli da prihvatite Isusa Hrista kao Mesiju i Spasitelja i dostigli spasenje. Sve do poslednjeg momenta u istoriji čovečanstva ja vam naređujem da se sećate neiscrpne ljubavi Božje koji nikada neće odustati od vas.

Pre nego što je poslao vama dvojicu svedoka u pripremanju dolazećeg Velikog stradanja, Bog ljubavi je poslao čoveka Božjeg i dozvolio mu je da vam kaže šta će se dogoditi na kraju vremena sveta i koji će da vas povede na put spasenja. Bog ne želi da jedan od vas ostane u sredini Sedmogodišnjeg velikog stradanja. Čak iako ostanete na zemlji posle Oduševljenja, On želi da se vi uhvatite i da se držite za poslednju nit do spasenja. To je velika ljubav Božja.

Neće još dugo ostati pre nego što počne Sedmogodišnje veliko stradanje. U tom stradanju neviđenom tokom cele istorije čovečanstva, naš Bog će ispuniti Njegov milosni plan za tebe Izraele. Istorija čovečanstva će biti završena zajedno sa upotpunjavanjem istorije Izraela.

Pretpostavimo da će Jevreji razumeti iskrenu volju Boga i prihvatiti Isusa kao njihovog Spasitelja odmah sada. Onda, čak i ako istorija Izraela zapisana u Bibliji treba da bude ispravljena i napisana ponovo, Bog će to rado učiniti. To je zato što je Božja ljubav prema Izraelu van zamisli.

Ali mnogi Jevreji su išli, idu i ići će svojim sopstvenim putem sve dok se ne susretnu sa kritičnim trenutkom. Svemogući Bog koji zna sve šta će se dogoditi u budućnosti namenio je poslednju priliku za vaše spasenje i vodi vas sa Njegovom neiscrpnom ljubavlju.

> *Evo, ja ću vam poslati Iliju proroka pre nego dođe veliki i strašni dan GOSPODNJI. I on će obratiti srce otaca k sinovima, i srce sinova k ocima njihovim, da ne dođem i zatrem zemlju* (Malahija 4:5-6).

Ja dajem zahvalnost i slavu Bogu koji vodi na put spasenja ne samo Izrael, Njegov odabir već takođe i sve ljude nacija sa Njegovom beskonačnom ljubavlju.

Autor:

Dr. Džerok Li (Jaerock Lee)

Dr. Džerok Li je rođen u Muanu, Džeonam provinciji, Republika Koreja, 1943. godine. U svojim dvadesetim, Dr. Li je sedam godina patio od mnoštva neizlečivih bolesti i iščekivao smrt bez nade za oporavak. Jednog dana u proleće 1974. god, njegova sestra ga je odvela u crkvu i kad je kleknuo da se pomoli, živi Bog ga je momentalno izlečio od svih bolesti.

Od trenutka kad je Dr. Li sreo živog Boga kroz to divno iskustvo, on je zavoleo Boga svim svojim srcem i iskrenošću, a u 1978. god., je pozvan da bude sluga Božji. Molio se revnosno uz nebrojene molitve u postu kako bi mogao jasno da razume volju Božju, u potpunosti je ispuni i posluša Reč Božju. Godine1982. je osnovao Manmin centralnu crkvu u Seulu, Koreja, i bezbrojna dela Božja uključujući čudesna isceljenja, znaci i čuda se ot tada dešavaju u njegovoj crkvi.

U 1986. god. Dr. Li je zaređen za pastora na godišnjem Zasedanju Isusove Sungkjul crkve Koreje, i četiri godine kasnije u 1990.god. njegove propovedi su počele da se emituju u Australiji, Rusiji i na Filipinima. U kratko vreme i u mnogim drugim zemljama, preko Radio difuzne kompanije Daleki Istok, Azija radio difuzne kompanije i Vašingtonskog hrišćanskog radio sistema.

Tri godine kasnije, 1993.god., Manmin centralna crkva je izabrana za jednu od „Svetskih top 50 crkava" od strane magazina Hrišćanski svet (*Christian World*) a on je primio počasni doktorat bogoslovlja od Koledža hrišćanske vere, Florida, SAD, i 1996.god. Doktorat iz Službe od Kingsvej teološke bogoslovije, Ajova, SAD.

Od 1993.god., dr. Li prednjači u svetskoj evangelizaciji kroz mnogo inostranih pohoda u Tanzaniji, Argentini, Los Anđelesu, Baltimoru, Havajima i Nju Jorku u Sjedinjenim Američkim Državama, Ugandi, Japanu, Pakistanu, Keniji, Filipinima, Hondurasu, Indiji, Rusiji, Nemačkoj, Peruu, Demokratskoj Republici Kongo, Izraelu i Estoniji.

U 2002. godini bio je priznat kao „svetski obnovitelj" zbog njegovih snažnih svešteničkih službi u mnogim prekomorskim pohodima od strane hrišćanskih novina u Koreji. Izvanredan je bio njegov „Njujorški pohod 2006. god" održan u Medison skver gardenu, najpoznatijoj svetskoj areni. Događaj je prenosilo 220 nacija a na njegovom „Pohodu ujedinjeni Izrael 2009. god." održanom u Međunarodnom kongresnom centru (ICC) u Jerusalimu on je hrabro oglasio da je Isus Hrist Mesija i Spasitelj.

Njegove propovedi emitovane su za 176 nacija putem satelita uključujući GCN TV i bio je svrstan kao jedan od top 10 najuticajnijih hrišćanskih vođa 2009. i 2010. godine od strane popularnog Ruskog hrišćanskog časopisa *U pobedu (In Victory)* i nove agencije *Hrišćanski telegraf (Christian Telegraph)* za njegovu moćnu svešteničku službu TV emitovanja i njegove inostrane crkveno pastorske službe.

Od Maja 2013.god., Manmin Centralna Crkva ima zajednicu od preko 120.000 članova. Postoji 10.000 ogranaka crkve širom planete uključujući 56 domaćih ogranaka crkve i do sad više od 129 misionara su opunomoćena u 23 zemlje, uključujući Sjedinjene Države, Rusiju, Nemačku, Kanadu, Japan, Kinu, Francusku, Indiju, Keniju i mnoge druge.

Do datuma ovog izdanja Dr. Li je napisao 85 knjiga, uključujući bestselere: *Probanje Večnog života pre smrti, Moj život Moja vera I & II, Poruka sa krsta, Mera vere, Nebo I & II, Pakao, Probudi se, Izraele!,* and *Moć Božja.* Njegove knjige su prevedene na više od 75 jezika.

Njegove Hrišćanske rubrike se pojavljuju u *Hankok Ilbo, JongAng dnevniku, Dong-A Ilbo, Munhva Ilbo, Seul Šinmunu, Kjunghjang Šinmun, Hankjoreh Šinmun, Korejski ekonomski dnevnik, Koreja glasnik, Šisa vesti,* i *Hrišćanskoj štampi.*

Dr. Li je trenutno na čelu mnogih misionarskih organizacija i udruženja. Pozicije uključuju: Predsedavajući, Ujedinjene svete crkve Isusa Hrista; predsednik, Manmin svetska misija; stalni predsednik, Udruženje svetske hrišćanske preporodne službe; osnivač i predsednik odbora, Globalna hrišćanska mreža (GCN); osnivač i član odbora, Mreža svetskih hrišćanskih lekara (WCDN); i osnivač i član odbora, Manmin internacionalna bogoslovija (MIS).

Raj I & II

Detaljna skica predivne životne okoline u kojoj rajski stanovnici uživaju i prelepi opisi različitih nivoa nebeskih kraljevstva.

Poruka sa Krsta

Moćna probuđujuća poruka za sve ljude koji su duhovno uspavani! U ovoj knjizi naći ćete razlog da je Isus jedini Spasitelj i iskrenu ljubav Božju.

Pakao

Iskrena poruka celom čovečanstvu od Boga, koji ne želi da ijedna duša padne u dubine Pakla! Otkrićete nikad do sad otkriveni iskaz o okrutnoj stvarnosti Nižeg Hada i Pakla.

Duh, Duša i Telo I & II

Vodič koji nam daje duhovno objašnjenje duha, duše i tela i pomaže nam da pronađemo kakvog „sebe“ smo mi načinili da bi mogli da dobijemo moć da pobedimo mrak i postanemo duhovna osoba.

Mera Vere

Kakvo mesto stanovanja, kruna i nagrade su spremne za vas na nebu? Ova knjiga obezbeđuje mudrost i smernice za vas da izmerite vašu veru i gajite najbolju i najzreliju veru.

Probuđeni Izrael

Zašto Bog upire Svoje oči na Izrael od početka sveta pa do današnjeg dana? Kakvo Njegovo proviđenje je spremljeno za Izrael u poslednjim danima, koji očekuje Mesiju?

Moj Život, Moja Vera I & II

Najmirisnija duhovna aroma izvučena iz života koji je cvetao sa neuporedivom ljubavlju za Boga, u sred crnih talasa, hladnih okova i najdubljeg očaja.

Moć Božja

Obavezno-pročitati, koja služi kao suštinski vodič po kojem čovek može posedovati pravu veru i iskusiti čudesnu moć Božju.

www.ingramcontent.com/pod-product-compliance
Lightning Source LLC
LaVergne TN
LVHW101920220826
846093LV00009B/315

9791126306091